Du même auteur, aux Éditions Leduc.s

Le nouveau régime IG thyroïde, 2019.
Je m'initie aux aliments sans fodmaps, guide visuel, 2019.
J'arrête le sucre en 7 jours, c'est malin, 2019.
500 recettes antidiabète, 2018.
Le grand livre des fodmaps et de tout ce que l'on digère mal, 2018.
Le régime Fodmaps 100% végétarien, 2017.
Le grand livre de l'alimentation IG antidiabète, 2016.
Plus jamais mal au ventre avec le régime Fodmaps, 2015.

Retrouvez l'auteur sur sa page Facebook
Pierre Nys

Maquette : Sébastienne Ocampo
Illustrations : Fotolia

Ce livre est la réédition de l'ouvrage du même titre paru en 2015.

Deuxième impression (mai 2019)
10, place des Cinq-Martyrs-du-Lycée-Buffon
75015 Paris – France
ISBN : 979-10-285-1066-4
ISSN : 2427-7150

Dr Pierre Nys
Endocrinologue-nutritionniste

MES PETITES RECETTES *magiques* SANS FODMAPS

Téléchargez le protocole strict du Régime sans Fodmaps et les listes de courses des 100 recettes de ce livre. (voir p. 192)

POCHE
LEDUC.S

SOMMAIRE

INTRODUCTION

Vous avez mal au ventre et vous gonflez après chaque repas ? Alors que le matin, au lever, vous n'êtes pas gonflé ? Vous avez bien essayé d'éliminer le gluten, le lactose, et vous avez l'impression de manger « bien », c'est-à-dire des légumes et des fruits à chaque repas, des céréales et des légumineuses, des oignons et de l'ail… et peu de sucre. Mais ça ne va pas vraiment mieux. Ou encore, vous misez sur les faux sucres pensant avaler peu de calories et maîtriser votre glycémie, mais là encore, bim ! mal au ventre et ballonnements comme récompense. Vous êtes peut-être intolérant aux Fodmaps.

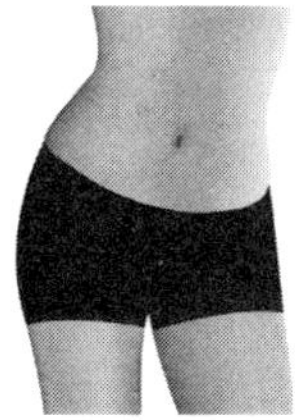

LES RECETTES SANS FODMAPS EN 12 QUESTIONS/ RÉPONSES

Les recettes sans Fodmaps sont des recettes conçues pour être extrêmement digestes. Elles sont :

- pauvres voire très pauvres en Fodmaps (c'est pourquoi on les appelle « sans Fodmaps »),
- dénuées de fibres « dures »,
- pauvres en gluten (mais elles ne sont pas conçues pour des intolérants au gluten, attention !),
- pauvres en lactose,
- sans additifs industriels indigestes,

- avec un mode de cuisson doux pour le système digestif,
- avec un choix d'huiles végétales particulièrement faciles à digérer,
- sans ingrédient qui pourrait provoquer des aigreurs ou des brûlures d'estomac,
- conçues pour favoriser le travail du foie, de la vésicule biliaire, et de tous les organes impliqués dans la digestion.

Elles sont inspirées du *Régime sans Fodmaps*[1], le seul régime ayant fait la preuve de son efficacité contre le côlon irritable. Pourquoi vous devriez absolument essayer ce régime si vous souffrez de troubles digestifs ? Parce que c'est le seul qui soulage près de 90 % des patients, le tout sans AUCUN médicament ! Mais attention : comme tout régime, il possède ses règles, ses avantages et ses inconvénients. Lisez absolument cette partie avant de vous lancer dans le régime sans Fodmaps, c'est important pour votre santé.

1. À QUI S'ADRESSENT LES RECETTES SANS FODMAPS DE CE LIVRE ?

À toutes les personnes qui souffrent de troubles digestifs de type colite : ballonnements, douleurs intestinales, flatulences, gonflements, alternance de diarrhées et de

1. *Plus jamais mal au ventre avec le régime sans Fodmaps*, Dr Pierre Nys, Leduc.s Éditions.

constipation. Bref « mal au ventre ». Cochez les réponses qui vous concernent dans ce petit questionnaire.

VOUS SOUFFREZ CHAQUE JOUR DE…	OUI	NON
Gaz (et ils soulagent)		
Ballonnements (et ça fait mal)		
Désagréable sensation de trop-plein dans l'estomac		
Crampes digestives, spasmes		
Constipation, diarrhées, troubles du transit en tout genre		
Sentir comme un « tube d'air » sur la droite de l'abdomen		
Borborygmes : vous entendez votre système digestif s'exprimer, gronder, « faire des bruits »… et partager avec votre entourage ce concert		
Brûlures, aigreurs et douleurs à l'estomac		
Sentir comme une « corde gonflée » dans votre intestin, vous pouvez même la « toucher » du doigt sur votre ventre		
Systématiquement mal au ventre suite à un stress		
Rejets gazeux, d'une odeur plutôt aigre (pas d'œuf pourri)		
Fausses envies d'aller à la selle : vous pensez évacuer mais il ne se passe rien, c'était juste un spasme		

Si vous répondez au moins 3 fois « oui », les recettes sans Fodmaps devraient vous faire beaucoup de bien. Vous présentez de toute évidence des troubles digestifs de type « colite », plus ou moins envahissants.

Ce livre vous aidera à réduire vos symptômes de manière à retrouver un confort digestif normal, et vous évitera d'aggraver les choses, de vous lancer dans des privations injustifiées (« je ne supporte plus rien, donc je ne mange plus rien, ou alors la peur au ventre des représailles ») et qui ne régleront rien. Objectif : retrouver une digestion normale, que vous n'auriez jamais dû perdre.

Les recettes sans Fodmaps de ce livre peuvent être consommées par tout un chacun, avec l'assurance d'une digestion parfaite. C'est bien utile lorsque l'on veut éviter tout désagrément sur ce plan, par exemple avant une compétition sportive, une journée « importante » (où l'on ne veut pas être dérangé par ses intestins), une journée à l'extérieur (sans WC à proximité), etc.

Si vous êtes embêté depuis des années par une colite tenace, je vous recommande de suivre le protocole strict du Régime sans Fodmaps (voir p. 192).

2. SUR QUEL PRINCIPE SONT BASÉES LES RECETTES SANS FODMAPS ?

VOUS – Lorsque l'on souffre de colite, cela signifie que l'on a le côlon sensible (autre nom de la colite, d'ailleurs). C'est-à-dire qu'une personne *non colitique* supportera de manger des choses que le *colitique*, lui, ne supportera pas, ou en moindre quantité. Ainsi, là où un non-colitique peut consommer une pleine assiette de lentilles sans dommage digestif, un colitique ne peut en avaler que quelques cuillerées, voire pas du tout. Pareil pour les oignons, les choux, les crudités, les haricots secs… et tout un tas d'aliments pourtant sains mais, hélas, peu digestes. Dès que le colitique dépasse son seuil personnel de tolérance, c'est la bérézina : douleurs, troubles digestifs, etc.

LES FODMAPs – Ce sont des petits sucres naturellement présents dans de nombreux aliments, et ils font partie des ingrédients les moins digestes qui soient. On les classe par familles, indiquées dans ce petit tableau ci-après. Vous pouvez être intolérant à une seule famille de Fodmaps, ou à plusieurs : par exemple vous pouvez mal supporter les oligosaccharides (et du coup, l'ensemble des légumes secs et pas mal de légumes) mais digérer parfaitement les monosaccharides (et donc les fruits). Ou alors, vous pouvez avoir maille à partir avec toutes les familles, mais à des degrés divers.

LES FODMAPs ET VOUS – Si on supprime les aliments riches en Fodmaps, les symptômes digestifs disparaissent. Bonheur !

CE QUE VEUT DIRE « FODMAPS »		
Cette lettre…	… signifie…	… c'est-à-dire…
F	Fermentable	= la fermentation intestinale due au fait que les Fodmaps n'ont pas été digérés plus haut, dans l'intestin grêle, comme le sont les autres aliments.
O	Oligosaccharides	On les trouve dans **certains légumes et légumes secs**.
D	Disaccharides	On les trouve dans **le lait et les produits laitiers.**
M	Monosaccharides	On les trouve dans **certains fruits.**
A	And	= et
P	Polyols	Aucun humain ne les digère correctement. On les trouve principalement dans **les confiseries dites « sans sucre ».**

3. MANGER SANS FODMAPS GUÉRIT-IL LA COLITE ?

Non. Les recettes sans Fodmaps ne font que supprimer les symptômes. Aussi, il n'est pas question de manger « sans Fodmaps » à vie. Car ces Fodmaps, principalement des fibres, sont des ingrédients très utiles pour la santé en général, et la flore intestinale en particulier.

Là réside le casse-tête : il faut éliminer les Fodmaps, puisqu'on ne les digère pas… mais il ne faut pas les supprimer longtemps car ils sont indispensables à la santé et au bien-être.

Selon les études scientifiques, une alimentation pauvre en Fodmaps réduit voire fait disparaître les troubles digestifs chez 75 à 87 % des patients ! C'est un chiffre incroyablement élevé, et les résultats obtenus sont sans commune mesure avec tout autre régime ou prise de médicament antispasmodique, par exemple.

4. LES *RECETTES* SANS FODMAPS DE CE LIVRE SUFFISENT-ELLES, OU FAUT-IL SUIVRE UN *RÉGIME* SANS FODMAPS ?

Tout dépend de votre cas personnel. Les recettes suffisent pour découvrir l'univers du « sans-Fodmaps » et se familiariser avec ces nouveaux choix alimentaires. Bienvenue dans le monde d'une digestion sans peine et sans douleur !

Colitique depuis des années ? Même si le fait de piocher parmi nos recettes et menus (p. 51 et 59) peut suffire à améliorer nettement votre vie digestive quotidienne, nous vous recommandons de suivre le protocole précis du régime sans Fodmaps.

Phase 1 – Suppression totale des Fodmaps dans les premières semaines. Ce sera facile et avec plaisir grâce aux recettes de ce livre, qui correspondent toutes à la phase la plus restrictive (et donc confortable) de ce régime.

Phase 2 – Réintroduction progressive des familles d'aliments riches en Fodmaps les semaines suivantes, afin de déterminer exactement lesquelles vous posent problème.

Le but du régime est précisément de consommer, à terme, le maximum d'aliments : une fois que, grâce au protocole, vous aurez trouvé à quelle famille de Fodmaps vous êtes intolérant, vous pourrez remanger des autres sans risque (en restant raisonnable).

Tous les détails en téléchargeant votre bonus *(voir p. 192).*

Important : l'intolérance aux Fodmaps n'est pas une allergie. Lorsqu'on est allergique à la cacahuète, par exemple, ingérer la moindre trace de cacahuète peut avoir des conséquences graves, comme déclencher un œdème de Quincke ou un choc anaphylactique.

Les Fodmaps, eux, provoquent des fermentations, mais sont « dose-dépendants » : plus vous avalez de Fodmaps, plus vous risquez de gonfler. Cela signifie qu'une petite quantité de Fodmaps ne posera pas (ou peu) de problèmes. Tout est question de tolérance individuelle, nous ne pouvons pas vous donner de seuil, vous seul pouvez le déterminer. Et en plus, il sera fluctuant : certains jours, vous semblez mieux tolérer des « incartades », alors que d'autres, le moindre bout de pain en trop est sévèrement sanctionné. Mais cela, vous le savez déjà, vous l'avez expérimenté maintes fois. D'une manière générale, relaxez-vous : même si vous êtes intolérant aux Fodmaps, ce n'est pas parce que vous avalerez un petit morceau d'oignon que vous irez en enfer. Il s'agit de manger « peu de Fodmaps », et non « pas du tout de Fodmaps », ce qui serait tout bonnement impossible. Le but est de réduire la quantité de Fodmaps ingérée pour retrouver une digestion compatible avec une vie normale, mais pas de les supprimer totalement.

5. TOUT LE MONDE PEUT-IL MANGER « SANS FODMAPS » À LA MAISON ?

Si « tout le monde » a une colite, pourquoi pas, sur le court terme. Mais restreindre son alimentation n'est jamais une bonne idée si l'on n'en a pas besoin. Donc, si vous cherchez comment nourrir votre petite famille tout en vous préservant des Fodmaps, préparez n'importe laquelle de nos recettes pour vous et pour le reste de la famille… mais posez aussi sur la table, pour eux, un petit ramequin avec des oignons pour customiser leur salade verte, une panière de pain « classique » si vous voulez, des fruits et légumes à croquer, bref : ce qu'ils aiment. Tout le monde mangera la même chose, mais chacun y apportera sa petite touche personnelle, et c'est très bien comme ça ! C'est exactement pareil dans n'importe quelle autre famille : certains mettent de la moutarde sur leur viande, d'autres pas, certains apprécient les câpres, d'autres non, certains aiment le vinaigre balsamique, d'autres détestent ça… Les goûts et les couleurs !

6. LES ENFANTS PEUVENT-ILS ÊTRE INTOLÉRANTS AUX FODMAPS ?

Oui. Les symptômes se manifestent alors un peu différemment de ceux des adultes. Ils se plaignent de mal au ventre, de diarrhées, que les parents mettent souvent sur le compte du stress (« Tu n'aurais pas une interro de maths demain par hasard ? »), d'une intolérance au lait ou d'un coup de fatigue… qui durerait toute l'année. Certes, c'est possible, certes l'interrogation de maths n'arrange probablement rien, mais attention aux raccourcis trop rapides. On ne devient pas hypersensible du côlon du jour au lendemain. C'est un processus long, entamé pour certains durant l'enfance ou l'adolescence. Par ailleurs, les enfants présentent d'autant plus volontiers ce type de trouble que l'un des parents (ou les deux) en est lui-même atteint. Le petit évolue alors dans un contexte d'anxiété vis-à-vis de l'alimentation, avec une tendance à imiter ce qu'il voit, ou entend de la bouche de sa maman/son papa. « Surtout pas de crudités je ne les digère pas », « Je ne supporte pas le lait », etc. Par conséquent : terrain digestif sensible + stress alimentaire = de grandes chances de devenir un ado puis surtout un adulte présentant une intolérance aux Fodmaps.

7. MANGER SANS FODMAPS FAIT-IL MAIGRIR ?

Non. Cependant, vous constaterez très probablement une perte de poids (si c'est nécessaire), car vous allez limiter voire éliminer bon nombre de céréales et de légumineuses, qui sont des « concentrés énergétiques » (donc caloriques) en les remplaçant par des légumes verts principalement. En plus, vous allez supprimer tous les plats préparés et autres produits industriels car la plupart contiennent des additifs et des ingrédients « Fodmaps », donc indigestes : là encore, un bel atout minceur assuré. En ce sens, le régime sans Fodmaps se rapproche d'une alimentation « 100 % naturelle » aux effets bénéfiques sur la silhouette et la santé. Et si votre problème, c'est avant tout « la gonflette », alors le « sans-Fodmaps » aura certainement un spectaculaire effet « ventre plat » !

8. MANGER SANS FODMAPS, C'EST COMME LE RÉGIME SANS GLUTEN ?

Non, rien à voir. Le gluten est une *protéine*, tandis que les Fodmaps sont de la famille des *sucres* (des fibres). Mais il se trouve que le blé, et d'autres céréales riches en Fodmaps sont AUSSI riches en gluten, vous allez donc faire d'une pierre deux coups et réduire – voire éliminer – en même temps Fodmaps et gluten. Cela fera des vacances à votre système digestif, ça, c'est certain ! D'autant que le gluten pourrait perburber la barrière intestinale de tout un chacun, y compris des non-intolérants au gluten, selon certaines études.

Par ailleurs, autre ingrédient souvent mis en cause dans les troubles digestifs : le lactose. Le lactose est un Fodmap : c'est le sucre naturel du lait. Là encore, dans les recettes sans Fodmaps, pas de lactose, donc une paix digestive garantie, ou presque.

Pour résumer, les recettes magiques sans Fodmaps, ce sont des recettes : sans Fodmaps, pauvres en gluten (la plupart n'en contiennent pas du tout, mais attention, certaines, notamment au petit épeautre, si !), sans lactose (ou quasi), sans additifs douteux sur un plan digestif, sans « faux sucres » incroyablement indigestes. On ne peut donc que mieux digérer sans ces conditions.

9. EN DEHORS DES ALIMENTS RICHES EN FODMAPS, Y EN A-T-IL D'AUTRES À ÉVITER ?

Oui, il faut être logique. Certains aliments sont connus pour être indigestes, il faut les écarter bien entendu. Le but n'étant pas de « manger sans Fodmaps », mais de « bien digérer et de ne pas avoir mal au ventre après les repas ». Aussi, par exemple le beurre cuit, les fritures, les plats « lourds » (en sauce…) et/ou très gras n'ont rien à faire dans votre assiette et encore moins dans votre bouche. Il va sans dire que si vous savez que vous ne supportez pas certains aliments, comme le saumon ou le chocolat, vous n'en consommerez pas.

Et puisque d'un côté vous allez restreindre votre palette gustative, compensez en variant : découvrez le maximum de nos 100 recettes magiques, ne vous contentez pas de celles qui vous attirent le plus au premier abord. Nous les avons conçues pour vous faciliter la vie et les repas bien sûr. Elles sont toutes super-bonnes, super-simples à faire et avec des ingrédients que l'on trouve partout. Aussi, piochez parmi elles selon vos envies, mais les jours de grande forme, soyez aventureux ! Avez-vous déjà mangé du tartare de veau ? Hop ! allez voir la recette p. 92 : aussi bon que celui de bœuf, et ça change ! Une salade au canard et à l'orange (p. 98), ça change d'une salade poulet/œuf dur ! Vous n'aviez jamais pensé à associer du saumon et de la banane ? Nous l'avons fait pour vous p. 150. Les perles de Japon au citron vert, c'est trop bon, trop rigolo, et c'est p. 171. Terrine de fruits bikini : surtout si vous n'avez jamais fait de terrine de votre vie, cette recette s'adresse à vous, parfaitement inratable et super-spectaculaire, vous allez épater et régaler vos amis et votre petite famille (p. 177). Éclatez-vous, vous n'êtes pas puni, c'est tout l'inverse : sortez de votre routine, innovez !

À partir de maintenant, laissez-vous porter, laissez-nous faire. Nous vous avons listé des dizaines de menus sympas (p. 51), piochez parmi eux au gré de vos envies. Téléchargez les listes de courses des recettes en bonus (voir p. 19), vous les aurez ainsi toujours dans votre smartphone pour ne jamais rien oublier. Pas de smartphone ? Imprimez-les, elles tiennent en 2 pages !

10. SI J'AIME UN ALIMENT RICHE EN FODMAPS, DOIS-JE L'ÉCARTER ABSOLUMENT DE MON ALIMENTATION ?

Non ! Manger doit absolument rester un plaisir ! Il faut juste apprendre à gérer la quantité de Fodmaps consommée et jongler avec. Comme expliqué p. 12 nous avons tous un seuil personnel de tolérance : déterminez le vôtre. Prenons un exemple : vous adorez les abricots, mais ils renferment des Fodmaps. Commencez par les choisir bien mûrs (les sucres indigestes se transforment, au fil du mûrissement, en sucres digestes), et évitez de cumuler lors d'un même repas abricots + autres aliments riches en Fodmaps. Cela pourrait donner ceci :

MENU TYPE AVEC FODMAPS ☹	MENU TYPE PAUVRE EN FODMAPS ☺
Poireaux vinaigrette Poulet salsifis 4 abricots	Mâche vinaigrette Poulet + pommes de terre au curcuma 2 abricots

11. AVEC L'ÂGE, A-T-ON PLUS DE RISQUES DE DEVENIR INTOLÉRANT AUX FODMAPS ?

Hélas, oui. Les seniors sont même aux premières loges, car avec la baisse des enzymes digestives liée à l'âge, les troubles digestifs peuvent s'aggraver au fil du temps, y compris l'intolérance aux Fodmaps. De fait, chez certains, tout se passe comme si le système digestif avait toléré tout cela bon gré mal gré pendant des décennies mais là, il en a assez. Sans compter les patients sous traitement, qui prennent des médicaments chaque jour pour leur cœur ou leur diabète par exemple, aux conséquences digestives désagréables. Si ces effets secondaires n'ont rien à voir avec les Fodmaps, tout cela forme un mélange délétère et fragilise le tube digestif. Les seniors seront donc les premiers soulagés par les petites recettes magiques de ce livre.

12. MANGER SANS FODMAPS, C'EST RÉDUIRE SA CONSOMMATION DE FIBRES. OR, LES FIBRES SONT BONNES POUR LA SANTÉ. N'EST-CE PAS ANTINOMIQUE ?

Effectivement, les fibres sont des éléments cruciaux pour la santé. Il n'est pas question de remettre en cause leur intérêt dans une alimentation saine, minceur, équilibrée. Cependant, tout est question de dose, comme pour l'huile d'olive par exemple : c'est bien d'en manger, mais pas trop non plus. Avec les fibres, c'est la même chose. Pour vous repérer, rappelez-vous que la bonne dose reste le fameux 5 fruits et légumes par jour, soit 5 fois 80 grammes de fruits ou de légumes à répartir entre le petit-déjeuner, le déjeuner et le dîner. À choisir, en ce qui vous concerne, parmi les aliments pauvres en Fodmaps, bien entendu.

10 ASTUCES OU MODES DE CUISSON POUR RÉDUIRE LES FODMAPS

☺ Misez sur…

La cuisson à l'eau – Certains Fodmaps sont solubles dans l'eau, donc si vous faites cuire les aliments à la casserole ou à la vapeur, une partie des composés indésirables dégagera dans l'eau de cuisson, ce qui est appréciable – à condition bien évidemment de ne pas la consommer en final, par exemple en mixant tout façon soupe.

La cuisson « dans deux eaux » - Pour les choux principalement, mais après tout, on peut utiliser cette astuce pour bien d'autres aliments délicats, les poireaux par exemple. Lors de la cuisson dans deux eaux, les premières 10 minutes, la majorité des composés soufrés indigestes sont éliminés ; on la jette et on poursuit la cuisson avec une « nouvelle eau ».

Le trempage – Pour les légumineuses principalement. Une partie des éléments indigestes est éliminée lors du trempage, qui sert aussi à ramollir le légume « sec ». Attention à ne pas laisser tremper trop longtemps toutefois, sinon gare à la fermentation !

Les boîtes de conserve – concerne principalement les légumes secs encore (lentilles, pois chiches...). Certes, elles ont des défauts, notamment leur teneur en sel. Mais d'un autre côté, toujours selon le principe de l'entraînement façon « osmose », les légumes en conserve, qui baignent dans leur « jus », sont également plus digestes, à condition d'éliminer ledit « jus » avant de rincer abondamment lesdits légumes. C'est une manière maline d'intégrer les légumes secs en petite quantité dans votre alimentation. Haricots rouges, lentilles... sont généralement plus digestes en boîte que cuits à la maison, surtout si votre eau du robinet est calcaire – elle « durcit » l'aliment et le rend difficile à assimiler, quel que soit le temps de cuisson.

Les marinades/marinages – Un « jus » avec du vinaigre ou du citron attirera pas mal de Fodmaps à lui. Il faut bien sûr l'éliminer ensuite (donc ça ne marche pas pour les poissons marinés par exemple, que l'on consomme ensuite tels quels). Poivrons marinés, ail de même... on peut décliner presque tout de la sorte. Ça marche aussi pour attendrir les viandes un peu « dures » donc difficiles à digérer, même si, là, il n'y a plus aucun rapport avec les Fodmaps.

Les « infusions » (bocal de vinaigre, d'huile…) – Vous pouvez faire « infuser » l'ail dans de l'huile et consommer cette huile aromatisée (mais toujours pas l'ail lui-même !). En effet, les Fodmaps sont solubles dans l'eau, nous venons d'en parler plus haut, mais pas dans l'huile. Nos recettes d'huiles aromatisées vous procureront de belles sensations gustatives… sans ballonnements ni rétorsion « tord-boyaux ».

☹ ÉVITEZ…

Le cru – Les crudités sont difficiles à digérer, c'est bien connu. Alors que les cuidités (crudités rapidement cuites) passent déjà bien mieux puisque la chaleur « casse » les fibres, dont certaines ne sont autres que des Fodmaps. Ça marche aussi pour la viande ou le poisson : certaines personnes ont du mal à digérer du tartare de bœuf ou de saumon, alors que cuits, ces viandes et poissons passent parfaitement.

Les aliments industriels d'une manière générale – Plats préparés, confiseries, gâteaux… tous ces aliments contiennent probablement un peu, beaucoup voire énormément de Fodmaps, ne serait-ce que sous la forme d'additifs non seulement douteux mais aussi parfaitement indigestes. C'est ainsi qu'une simple barquette de carottes râpées peut se révéler difficile à digérer si achetée (à prix d'or) au rayon frais du supermarché, alors que préparées à la maison, vos carottes râpées glisseront comme une lettre à la poste.

Les fritures – Super-indigestes, on le sait. Frites, beignets, nems… ça passe mal !

*Les aliments cuits à l'*étouffée ou *au micro-ondes* – Ils gardent en eux tous leurs Fodmaps.

14 ERREURS À NE PLUS COMMETTRE

Et comment mettre en place les bons réflexes au quotidien pour bien digérer.

	LES ALIMENTS OU LES CATÉGORIES D'ALIMENTS	LE RÉSULTAT JUSTE APRÈS LE REPAS… ET QUI PEUT DURER DES HEURES	MON CONSEIL RÉGIME FODMAPS
1	Les crudités en excès (par rapport à vos capacités digestives personnelles)	Ballonnements, spasmes coliques, pets (côlon irrité)	Mangez-en moins, pas à chaque repas, ou optez pour les crudités… cuites (« cuidités »). Betterave, salade de carottes cuites au cumin…
2	Les lentilles, haricots secs…	Ballonnements, douleurs, pets	Essayez nos astuces p. 24 ; dans tous les cas, minuscules quantités de rigueur.
3	Le lait et les produits laitiers	Ballonnements, douleurs, pets, nausées, manifestations extra-digestives (migraine, plaques sur la peau…)	Concentrez-vous sur les produits laitiers pauvres en lactose (voir p. 47), « prédigérés » (yaourts, laits fermentés, fromages affinés) ou remplacez-les par des alternatives végétales.

→

	LES ALIMENTS OU LES CATÉGORIES D'ALIMENTS	LE RÉSULTAT JUSTE APRÈS LE REPAS… ET QUI PEUT DURER DES HEURES	MON CONSEIL RÉGIME FODMAPS
4	Fruits riches en fructose ou en sorbitol (poires, prunes…)	Nausées, vomissements, douleurs digestives, diarrhées, ballonnements	Remplacez-les par des fruits peu sucrés (framboises…).
5	Agrumes	Ballonnements, digestion lente (si consommés en fin de repas surtout)	Consommez-les en dehors des repas.
6	Produits industriels, plats préparés	Ballonnements, diarrhées	Mangez exclusivement des préparations maison ou, si restaurant, fraîches et locales. Méfiez-vous de tout ce qui n'est pas « simple ».
7	Graisses en excès (sauces, fromages, viandes grasses, crème…)	Diarrhées	Allégez, allégez !
8	Excès de féculents (pâtes, riz, pommes de terre, pain, lentilles…)	Ballonnements, pets	Contrôlez les portions. Souvent, deux fois trop de pâtes ou de pizza, surtout dans les restaurants italiens.
9	Sucreries, pâtisseries en excès, boissons, sodas, confiseries, chewing-gums, confitures allégées… avec ou « sans sucre »	Ballonnements, pets	Ne mangez ces produits qu'exceptionnellement, ils n'ont rien à faire dans une alimentation équilibrée, encore moins dans un régime sans Fodmaps. Un seul chewing-gum « sans sucre » peut suffire à déclencher des troubles.

→

	LES ALIMENTS OU LES CATÉGORIES D'ALIMENTS	LE RÉSULTAT JUSTE APRÈS LE REPAS… ET QUI PEUT DURER DES HEURES	MON CONSEIL RÉGIME FODMAPS
10	Partie vert foncé des légumes, ou légumes vert foncé	Douleurs, ballonnements, flatulences	Choisissez les pousses tendres vert clair des salades ou des épinards plutôt que les grosses feuilles vert foncé ; les haricots beurre plutôt que les haricots verts (surtout peu cuits) ; les poivrons jaunes ou rouges plutôt que verts, etc.
11	Les fruits et légumes à grains : concombre, framboises, kiwis…	Douleurs	Éliminez les grains, optez pour la gelée de framboises plutôt que pour la confiture, évitez les spécimens vraiment trop chargés en gros grains (concombres géants).
12	Les fruits et légumes à peau indigeste, notamment le poivron, la tomate	Douleurs	Épluchez-les, soit avec un couteau approprié (épluche-tomate), soit en les plongeant 2 minutes dans l'eau bouillante, leur peau se détache toute seule.
13	Riz complet, pâtes complètes…	Douleurs, ballonnements, flatulences	Les mêmes en version semi-complète (c'est déjà bien plus digeste) ou moitié blanches moitié semi-complètes. Pareil pour le pain : ne passez pas brusquement du pain de mie industriel au pain noir intégral.
14	Fruits et légumes entiers	Douleurs, ballonnements, flatulences, lenteurs digestives	Les mêmes coupés en petits morceaux ou râpés.

L'ABÉCÉDAIRE DES ALIMENTS COURANTS À PRIVILÉGIER/ À ÉVITER

JE DIGÈRE MAL, je suis probablement intolérant aux Fodmaps, je peux en manger, oui ou non ?	BONUS DIGESTIF
Abricot	
1 ou 2, pour voir ? Bien mûrs, surtout.	Ses fibres douces sont parfaites pour stimuler en douceur le transit intestinal. Mais souvent, il « passe mal » en cas de maux d'estomac, dyspepsie, remontées acides, ballonnements. C'est pire avec les abricots secs, surtout non bio (les « orange fluo »).
Ail	
Pas d'ail frais (ni surgelé), cru, par exemple dans la salade. Mais sous forme d'huile infusée (comme de l'ail dans une bouteille d'huile d'olive), vous profiterez de son arôme et d'un pou de sa saveur sans les inconvénients digestifs.	Effet prébiotique, donc participe à la bonne santé de la flore intestinale.
Aliments lactofermentés (yaourt, cornichon, pickles, choucroute...)	
La lactofermentation est une véritable « prédigestion » effectuée par les bactéries	Tous les aliments lactofermentés sont plus digestes que leur équivalent « normal » : le yaourt mieux que le lait, la choucroute mieux que le chou, etc. Ils renferment des probiotiques, amis de la flore intestinale. Attention, ils sont souvent très salés.
Amande	
Quelques-unes passeront impeccable	Bonnes graisses très digestes, magnésium (antistress donc anti-mal de ventre lié au stress), super-riche en potassium, donc alliée de l'équilibre acido-basique (un déséquilibre mène à des acidités digestives)

→

JE DIGÈRE MAL, je suis probablement intolérant aux Fodmaps, je peux en manger, oui ou non ?	BONUS DIGESTIF
Ananas (boîte)	
Non	Évitez les tranches d'ananas au sirop, beaucoup trop sucrées et qui ne présentent pas les mêmes propriétés que l'ananas frais.
Ananas (frais)	
Petite quantité Évitez le coeur, trop dur, contentez-vous des « bords » tendres	Il apporte des enzymes digestives appelées broméline. Ces enzymes aident à digérer les protéines, et sont remarquablement anti-inflammatoires (« pansement intestinal »). Si vous tolérez mal son fructose, contentez-vous d'une demi-tranche et/ou faites-le cuire. Poêlé ou même grillé au barbecue, il aura transformé une partie de son fructose en glucose, et se montrera doux et très bon
Ananas (jus)	
Oui	Trop sucré et pasteurisé : même problème qu'avec les ananas en boîte.
Artichaut	
Quelques feuilles, allez-y doucement, et évitez le cœur, bourré de Fodmaps !	Aliment exceptionnel pour le foie. Prébiotique, donc participe à la bonne santé de la flore intestinale. Dommage, les prébiotiques sont surtout dans le cœur, qui justement pose problème en cas d'intolérance aux Fodmaps. Faites vos essais, voyez si « ça passe ».
Asperge	
Quelques têtes	Sa pointe renferme des fibres très fines et très digestes : plus on descend vers le pied, plus les asperges sont grosses, moins elles sont tendres. Elle apaise les nausées, les brûlures d'estomac, l'indigestion. Très diurétique, elle aide à dégonfler le ventre, notamment lors des périodes prémenstruelles.

→

JE DIGÈRE MAL, je suis probablement intolérant aux Fodmaps, je peux en manger, oui ou non ?	BONUS DIGESTIF
Aubergine	
La peau vous veut du mal	Plutôt digeste cuite vapeur, elle devient terrible gorgée d'huile (beignets, friture…). Il faut toujours qu'elle soit très mûre, bien cuite et épluchée.
Avocat	
Un quart, et même un demi si ça passe ?	Ses fibres douces activent gentiment le transit intestinal.
Avoine (flocons)	
OK, avec modération	Les flocons sont digestes et très coupe-faim.
Baies (airelles, cassis, cranberries, groseilles…)	
Mûres	Chaque baie possède ses propriétés spécifiques, la cranberry est par exemple connue pour sa capacité à prévenir les cystites récidivantes, mais aussi l'ulcère à l'estomac (ce qui est moins connu). Ces fruits sont tous plus ou moins acidulés, donc favorisent les sécrétions digestives. En revanche, attention aux « petits grains », pas toujours bien supportés.
Banane	
Mûre sinon rien	Douce pour l'estomac (à condition de la choisir bien mûre). Intestins vraiment capricieux ? Achetez des mini-bananes : certes plus chères, mais vous en mangerez la bonne quantité c'est-à-dire l'équivalent de ½ banane.
Barres de céréales	
Non	La plupart des barres du commerce sont à éviter. En plus des Fodmaps, des « mauvais » sucres, des additifs…

→

JE DIGÈRE MAL, je suis probablement intolérant aux Fodmaps, je peux en manger, oui ou non ?	BONUS DIGESTIF
Basilic	
Oui	Admirable compagnon anti-spasmes digestifs grâce à son eugénol (sa molécule aromatique fortement antispasmodique). À consommer frais ou, à la rigueur, surgelé.
Betterave	
Quelques cubes	Consommez-la cuite de préférence (et non râpée crue). Ses pigments rouges peuvent se retrouver dans votre urine, en fonction de votre système digestif : aucune inquiétude.
Beurre	
Oui	Cru, il est très digeste. Cuit, pas du tout !
Blé	
On en consomme trop !	Si vous n'êtes ni intolérant ni sensible au gluten, vous pouvez en consommer (pain, pâte), mais avec modération car chez tout le monde sans exception, le gluten pourrait favoriser la porosité intestinale, donc les troubles digestifs. Vous n'avez vraiment pas besoin de ça. D'une manière générale, remplacez – au moins en partie – les céréales par des légumes verts. Rappel : les biscottes sont bien plus digestes que le pain. Les pâtes et autres produits complets peuvent irriter le tube digestif : avancez prudemment avec du semi-complet dans un premier temps.
Boissons sucrées	
Non	Toutes sont à éviter, sans exception, les dites « sans sucres » (= avec édulcorants) encore plus que les autres !

→

JE DIGÈRE MAL, je suis probablement intolérant aux Fodmaps, je peux en manger, oui ou non ?	BONUS DIGESTIF
Bonbons	
Non	Le sucre fait mauvais ménage avec l'organisme en général, et la flore intestinale en particulier. Évitez les bonbons, y compris (et peut-être surtout) ceux « sans sucres »… mais pas « sans Fodmaps ».
Bouillons	
Maison ou, à la limite, en cubes bio ou en palets surgelés	Plus ou moins « clair », plus ou moins « détox », toujours très digeste, le bouillon est un petit bonheur digestif. Mais évitez les cubes « classiques », bourrés d'additifs… même si votre maman ou votre mamie les utilisaient déjà. La tradition n'a pas que du bon…
Brocoli	
Euh…	Le problème : le brocoli est probablement l'un des 3 meilleurs aliments santé. Hyper-protecteur cardiaque et anticancer (y compris digestif), nous devrions tous en consommer au moins un peu chaque semaine. Mais c'est un chou, donc délicat à digérer. Heureusement, le plus digeste des choux ! Découvrez comment mieux le tolérer en préparant une petite quantité en cuisson à l'eau, avec un filet d'huile d'olive.
Café	
Nature	Sans sucre et sans lait, son amertume amorce efficacement le processus digestif. Il lutte contre les calculs biliaires.
Carotte	
Plutôt cuite, ou râpée finement	Ses fibres très douces aident à rééquilibrer en douceur le transit intestinal. Elle est habituellement fort bien tolérée, mais évitez les « râpes » trop grosses. Superbe amie du foie.

→

JE DIGÈRE MAL, je suis probablement intolérant aux Fodmaps, je peux en manger, oui ou non ?	BONUS DIGESTIF
Céleri	
Plutôt cuit	Il contient de l'apigénine, anti-inflammatoire donc allié en cas de colite.
Céréales	
Toutes ou presque contiennent plus ou moins de Fodmaps : méfiance	Dans tous les cas faites-les bien cuire. *Al dente*, elles peuvent être catastrophiques à digérer. Les céréales avec gluten (blé, seigle, orge) sont particulièrement problématiques.
Céréales du petit-déjeuner	
Du muesli bien conçu aux céréales pour enfants, il y a un large éventail	Encore une fois, choisissez bien votre produit. Et essayez de le consommer plutôt avec du yaourt qu'avec du lait (c'est plus digeste), ou, mieux, pourquoi pas, avec du lait végétal (lait d'amande, de noisette, de riz…).
Cerise	
4 ou 5, pas plus, et bien mûres	L'exemple type de l'aliment génial pour la digestion (anti-inflammatoire+++, anticonstipation et au top pour l'équilibre acido-basique)… mais hélas indigeste pour certaines personnes (à cause de son sorbitol notamment, un Fodmap pénible). 4 passent sans problème, c'est garanti. Au-delà, c'est à vos risques et périls…
Cerise (confiture)	
Non	L'inconvénient de la cerise (sorbitol) associé à celui du sucre ajouté en forte quantité dans la confiture.

→

JE DIGÈRE MAL, je suis probablement intolérant aux Fodmaps, je peux en manger, oui ou non ?	BONUS DIGESTIF
Champignons	
Attention au maltitol et aux bêta-glucanes !	Les champignons ne renferment que deux Fodmaps susceptibles de vous causer des problèmes, le maltitol et les bêta-glucanes. Si tout va bien, mangez vos champignons sans crainte, car ces bêta-glucanes, justement, soutiennent l'immunité.
Charcuterie	
Non	D'une manière générale, trop grasse, trop salée, la charcuterie favorise les maux d'estomac (acidité).
Châtaigne	
Le meilleur féculent	Elle ne contient pas de gluten alors qu'elle « cale » autant qu'une céréale, c'est le bon point. Mais elle renferme des Fodmaps, des fibres peu digestes. Préférez-les cuites à l'eau (plutôt que grillées), éliminez la première eau de cuisson et limitez vos ardeurs. La crème de châtaigne est délicieuse mais évidemment très sucrée, c'est une autre histoire…
Chia (graines de)	
Un peu	Rassasiantes, riches en protéines végétales et en fibres, ce sont de bons aliments pour « customiser » vos préparations sucrées ou salées.
Chicorée, racine	
Selon la saison	Elle est dépurative, son amertume la rend intéressante pour le foie (détox).

→

JE DIGÈRE MAL, je suis probablement intolérant aux Fodmaps, je peux en manger, oui ou non ?	BONUS DIGESTIF
Chocolat	
Noir sinon rien	Le « au lait » et le « blanc » contiennent du lait, donc bof. Le noir, lui, « passe » très bien (gras très digeste). Évitez le chocolat cru, moins digeste.
Chou de Bruxelles	
Quelques petits bouquets	Il est tellement bon pour la santé (anticancer, antidiabète, bon pour le cœur…) qu'on ne peut pas lui fermer complètement la porte au nez. En plus, de tous les choux, c'est le plus digeste ! Cuit, il passera toujours mieux que cru, surtout si vous trempez ce dernier dans du fromage blanc (chou + lait = boum !).
Choucroute	
Oui !	Prédigérée par les bactéries lactiques, elle est encore plus digeste que le plus digeste des choux ! Et un vrai « pharmacien » pour la flore intestinale ! En revanche, on ne peut en dire autant de la charcuterie qui l'accompagne trop souvent. Choucroute de la mer (chou fermenté + poisson), c'est mieux !
Citron jaune (fruit frais ou jus)/citron vert	
Oui	Superbe aliment santé à tous points de vue, notamment digestif. Il aide à digérer à peu près tout et n'importe quoi, désengorge le foie, combat les microbes (gastro-entérite), stimule le pancréas, bref, réveille toutes les fonctions digestives. Mais attention, il peut irriter l'estomac, surtout si consommé à jeun.

→

JE DIGÈRE MAL, je suis probablement intolérant aux Fodmaps, je peux en manger, oui ou non ?	BONUS DIGESTIF
Concombre	
Oui	Conservez une bande sur deux de peau lorsque vous l'épluchez : elle contient certes des fibres un peu « dures », mais aussi des enzymes pour mieux digérer. Comme toutes les crudités, le concombre se digère mieux légèrement cuit, en l'occurrence poêlé dans un peu d'huile. Délicieux !
Courgette	
Oui	L'un des étalons de l'équilibre acido-basique, donc de la santé digestive en général. Bourrée de minéraux et profondément dépourvue de Fodmaps, elle incarne l'aliment douceur type pour vous.
Cranberry (fraîche)	
Oui	Ses flavonoïdes fortement antioxydants sont intéressants sur la sphère urinaire et digestive (anti-ulcère gastrique). Mais on ne la trouve pas si facilement, et sa saison « fraîche » est courte. On ne la mange jamais crue.
Curcuma	
Oui	INDISPENSABLE pour vous. Véritable « épice-médicament », elle lutte contre les inconforts digestifs – ballonnements, brûlures gastriques, nausées, crise de foie, sensation de surcharge, syndrome de l'intestin irritable, diarrhées, flatulences, ulcères, parasites… Saupoudrez-en vos plats à chaque repas.
Datte sèche	
Non	Définitivement trop sucrée et trop riche en fibres, désolé.

→

JE DIGÈRE MAL, je suis probablement intolérant aux Fodmaps, je peux en manger, oui ou non ?	BONUS DIGESTIF
Échalote	
Comme l'ail et l'oignon	Un excellent aliment santé, fortement antioxydant mais… bourré de Fodmaps. Essayez ¼ d'échalote cuite, comme pour l'ail ou l'oignon, elle passera mieux ainsi. Mais si ça ne veut pas, ça ne veut pas…
Épinard	
Pousses tendres	Excellent pour la glycémie, super-antioxydant et protecteur cardiaque hors pair, il passe bien tant qu'il est jeune, donc dénué de fibres dures, surtout sous forme de jeunes pousses crues en salade, ou bien cuit à l'étuvée, tout doucement, dans l'huile d'olive.
Fenouil	
Oui	Excellent légume à consommer cru (petite quantité) ou cuit (plus digeste) pour une excellente protection cardiaque en plus d'un assainissement digestif modèle.
Figue sèche	
Non	Comme la datte sèche : trop sucrée et trop riche en fibres. Mais en plus, ses « petits grains » aggravent son cas. Dommage car elle aide bien en cas de constipation.
Fraise (confiture)	
Non	On a déjà dit « trop sucrée » la confiture ! On l'a déjà dit ou pas ? Bon, alors.
Fraise (fraîche)	
Oui	Super-fruit pour les intolérants aux Fodmaps, car il est si pauvre en sucre que, mathématiquement, il ne peut qu'être pauvrissime en Fodmaps. Si les petits grains ne « passent » malgré tout pas, étape « passage à la passoire fine/au chinois ».

→

JE DIGÈRE MAL, je suis probablement intolérant aux Fodmaps, je peux en manger, oui ou non ?	BONUS DIGESTIF
Framboise (confiture)	
Non	On ne va quand même pas le répéter à chaque fois ? La confiture, c'est non.
Framboise (fraîche)	
Oui	Comme la fraise : superbe aliment extra-digeste, extra-minceur, excellent pour la santé en général, cardiaque et digestive en particulier.
Fromage blanc	
Non	Il « cale », certes, mais malheureusement il est également très riche en lactose, un Fodmap redoutable.
Groseille	
Oui	Comme les fraises et les framboises : oui. En revanche la groseille peut se révéler un peu plus acide, donc un peu irritante pour l'estomac, à force.
Haricot vert	
Petite quantité	Ceux de qualité supérieure (« sans fil ») sont super-digestes et bourrés de vitamines et de minéraux. Consommez-le toujours bien cuit ; heureusement que la mode des haricots verts *al dente* est passée, en plus ce n'était pas très bon !
Huile de coco	
Petite quantité	Elle est très digeste et particulièrement stable à la cuisson, mais doit tout de même être consommée avec modération, principalement du fait qu'elle est particulièrement riche en acides gras saturés, dont il ne faut pas abuser. Ces acides gras ne sont cependant pas les épouvantails que l'on a bien voulu nous faire croire durant des années. Il suffit de la consommer en petite quantité, c'est tout.

→

JE DIGÈRE MAL, je suis probablement intolérant aux Fodmaps, je peux en manger, oui ou non ?	BONUS DIGESTIF
Kiwi	
Quelques tranches	Bien mûr, il glissera tout seul. Essayez-le à chair jaune, il est moins acidulé.
Laits végétaux (amande, noisette, riz, soja…)	
Oui, avec modération	Les laits végétaux sont tous plus digestes que les laits animaux (vache, brebis…) car ils ne contiennent pas de lactose.
Litchi	
Oui	Bien mûr, on peut en picorer plusieurs sans souci. Sinon ce n'est pas non plus un fruit extraordinaire sur le plan santé donc si vous le tolérez mal, inutile de persister.
Maïs	
Non	À la limite, 1 à 2 cuillères à soupe dans une salade composée peuvent passer : à voir en fonction de votre tolérance personnelle. Le maïs que l'on consomme vient souvent de boîtes de conserve, donc il contient en plus du sel.
Mandarine (fraîche)	
Oui	Mêmes propriétés que le citron, en plus « doux ». C'est oui !
Melon	
Pas froid	Fruit bourré de potassium, donc bénéfique sur le plan acido-basique (et cardiaque), évitez toutefois de le manger froid, et surtout en grande quantité.

→

JE DIGÈRE MAL, je suis probablement intolérant aux Fodmaps, je peux en manger, oui ou non ?	BONUS DIGESTIF
Miel	
Non	Il y a miel et miel. En achetant un miel de qualité (= plutôt bio, extrait à froid, issu d'un apiculteur), et si vous supportez correctement le fructose (l'un des Fodmaps), le miel est excellent pour la sphère digestive : anti-inflammatoire, antiseptique interne, antibactérien, effet prébiotique (il soutient la flore intestinale). Ainsi, il aide à éliminer de très nombreuses douleurs digestives, notamment gastriques (il est fortement anti-aigreurs et acidité, antiulcère). Il est aussi anti-inflammatoire et cicatrisant pour le tube digestif. Préférez le miel de fleurs aux miellats (miel de sapin, de forêt…), ces derniers étant riches en mélézitose, un sucre spécifique aux insectes suceurs de sève à la base du miellat. Misez sur les miels de romarin +++, d'acacia, d'aubépine. Par ailleurs, les salmonelles, l'*Escherichia coli* et autres germes agressifs envers la sphère digestive sont sensibles aux propriétés antiseptiques des miels, notamment ceux de thym, bruyère, châtaignier, tournesol.
Millet	
Un peu	Rassasiant, riche en protéines végétales et en fibres, c'est un bon aliment pour « customiser » vos préparations sucrées ou salées.
Mûre (confiture)	
Non	Non, non et non.
Mûre (fraîche)	
Oui (modérez)	Quelques mûres fraîches picorées sur un petit chemin de campagne, qui aurait le cœur de vous refuser ce plaisir ? Attention, ne les ramassez pas trop près du sol pour éviter un risque de contamination par l'urine de certains animaux.

→

JE DIGÈRE MAL, je suis probablement intolérant aux Fodmaps, je peux en manger, oui ou non ?	BONUS DIGESTIF
Myrtille (confiture)	
Non	On a dit non.
Myrtille (fraîche)	
Oui	Comme la mûre : super-antioxydante, et très pauvre en sucre ; pas par tonnes non plus, pensez à sa peau et à ses grains, pas si inoffensifs à force.
Navet	
Oui	Excellent aliment pour rétablir l'équilibre l'acido-basique… mais choisissez-le petit, tendre, bien cuit. Les grands navets bourrés de fibres et de soufre, on oublie.
Noisette	
Oui	Bon apport d'oméga 9, les mêmes acides gras que l'huile d'olive.
Noix	
Oui	Bon apport d'oméga 3 et de molécules protectrices pour le cœur et le cerveau.
Oignon	
Mini-tranche	Voir « Échalote ».
Orange (confiture type marmelade)	
Non	Qu'est-ce qu'on a dit déjà sur les confitures ? (voir p. 41)
Orange (fraîche ou jus)	
Oui	Comme le citron mais en moins « puissant ».
Orge	
Attention	Voir « Blé ».

→

JE DIGÈRE MAL, je suis probablement intolérant aux Fodmaps, je peux en manger, oui ou non ?	BONUS DIGESTIF
Pain (complet seigle)	
1 tranche ou 2	Le gluten peut poser problème (même si ce n'est pas un Fodmap), les fibres de toutes sortes aussi (elles, ce sont des Fodmaps).
Pamplemousse	
Quelques quartiers	Comme le citron, en moins puissant
Papaye	
Oui	Elle renferme naturellement des anti-inflammatoires, pas mal en cas de colite.
Pastèque	
Non	Il n'y a pas grand-chose dans la pastèque en dehors de son eau… mais même alors, elle peut être indigeste. Quelques petits cubes, oui ; une méga-tranche, non !
Patate douce	
Oui	Mieux que la pomme de terre classique, notamment sur le plan de l'index glycémique.
Pêche	
Attention	Pelez-la !
Poireau	
Non	Comme les brocolis, les poireaux sont d'extraordinaires aliments santé, notamment très dépuratifs et diurétiques, et d'excellents « nettoyeurs » du système digestif. Mais leurs fibres et leurs composés soufrés les rendent indigestes. Essayez les très jeunes poireaux, juste le blanc, la partie toute tendre, et toujours bien cuite.

→

JE DIGÈRE MAL, je suis probablement intolérant aux Fodmaps, je peux en manger, oui ou non ?	BONUS DIGESTIF
Pois chiche	
Non	Il regroupe le raffinose et le stachyose. On trouve principalement ces Fodmaps dans les légumineuses, comme les pois chiches, les lentilles ou les haricots secs. Hélas ils sont très indigestes. Mieux vaut oublier ou se contenter d'une quantité « échantillon ».
Pomme	
Non	Crue, elle peut poser souci. Essayez cuite, voire sous forme de compote sans sucre ajouté, cela peut tout changer.
Pomme de terre	
Oui	Digeste mais n'en mangez pas par tonnes : c'est un féculent, donc à consommer avec modération.
Potiron	
Oui	Superbe aliment très protecteur, très digeste, sans Fodmaps. Usez et abusez.
Potiron (graines de)	
Un peu	Rassasiantes, riches en protéines végétales et en fibres, ce sont de bons aliments pour « customiser » vos préparations sucrées ou salées. Spécialement recommandées aux hommes car elles protègent la prostate.
Produits laitiers	
À choisir soigneusement	Le lactose du lait (et, donc, de tous les produits laitiers, qu'ils soient de vache, de brebis ou de chèvre) pose problème. Il attire de l'eau à lui et provoque ainsi une distension. Le plus indigeste : le lait. Le plus digeste : le fromage fermenté (il est prédigéré par les bactéries), de même que le yaourt nature. Méfiez-vous de tous les autres (laits aromatisés, desserts lactés…).

→

JE DIGÈRE MAL, je suis probablement intolérant aux Fodmaps, je peux en manger, oui ou non ?	BONUS DIGESTIF
Prune	
Oui	Comme tous les fruits, un bon aliment… mais elle fait partie des plus riches en Fodmaps. Contentez-vous de 1 fruit, maxi 2 mirabelles.
Pruneau	
1 ou 2	Bon pour le transit, mais concentré en sucres et en fibres… donc en Fodmaps.
Raisin (fruit ou jus)	
3 ou 4 grains	Attention, ultra-sucré, et en plus les grains et la peau peuvent poser problème. Les plus patients éplucheront les grains (si si !).
Raisin sec	
Non	Trop sucré et trop riche en Fodmaps. Dommage.
Salade verte	
Oui	Rien à lui reprocher, et c'est parfois la seule « crudité » qui passe sans problème. Si vous choisissez des « petites » salades un peu amères (trévise…) ou des jeunes pousses « piquantes », elles stimuleront l'ensemble de l'appareil digestif, c'est bien.
Seigle	
Peu	Voir « Blé ».
Sirop d'érable	
Un peu	Un « sucre » plus intéressant que le sucre blanc car nettement plus riche en flavonoïdes, protecteurs en général et anti-inflammatoires (y compris sur la sphère digestive).

→

JE DIGÈRE MAL, je suis probablement intolérant aux Fodmaps, je peux en manger, oui ou non ?	BONUS DIGESTIF
Tomate (fraîche)	
Oui	Une salade de tomate, c'est frais, riche en minéraux, super-acido-basique et très digeste (hors peau). À vos couteaux éplucheurs !
Tomate (jus)	
Oui	Il est très digeste car sans peau… mais souvent trop salé (jus du commerce). Doucement.
Topinambour	
Non	Peut-être le légume le plus riche en Fodmaps. Attention aux pleines assiettes de soupe de topinambour !
Tournesol (graines de)	
Un peu	Rassasiantes, riches en protéines végétales et en fibres, ce sont de bons aliments pour « customiser » vos préparations sucrées ou salées. Attention, elles sont cependant riches en oméga 6, des graisses pro-inflammatoires, donc n'en abusez pas.
Vanille	
Oui	La vanille, comme d'autres épices douces, permet d'aromatiser en utilisant moins de sucre. En gousse, en extrait… dans les desserts, elle est merveilleuse !

→

LE POISSON PLUS « ANTIDOULEUR » QUE LA VIANDE

Une étude suédoise (menée sur des souris) parue fin août 2015 conclut que les amateurs de poisson possèdent une flore intestinale différente des carnivores. Chez ceux qui consomment régulièrement saumon, colin, cabillaud, lieu et autre dorade, la bactérie *Akkermansia muciniphila* intestinale aide à contrôler le poids, autrement dit, à mincir. Elle est totalement absente de la flore du groupe gavé aux produits carnés (notamment au lard, il est vrai), ce qui laisserait suggérer que manger beaucoup de viande pourrait favoriser la prise de poids, alors que manger beaucoup de poisson, au contraire, aiderait à rester mince. Encore faut-il choisir les bonnes variétés de poisson, afin d'éviter notamment les contaminations au mercure (gros poissons prédateurs principalement). L'étude indiquait également que les amateurs de poisson étaient beaucoup moins sujets aux inflammations intestinales, donc aux douleurs. Intolérants aux Fodmaps, privilégiez les produits de la mer !

33 MENUS SANS FODMAPS POUR VOUS RÉGALER

Tous les plats suivis d'un * correspondent à une recette du livre

1. MON PETIT-DÉJ SANS FODMAPS, SANS LACTOSE, SANS GLUTEN

- Thé ou café (nature)
- Pancakes de sarrasin*, beurre, miel
- ½ pomme cuite à la cannelle

2. MON PETIT-DÉJ RÉGRESSIF

- Café (une grande tasse de café très allongé, nature)
- Chia au lait*
- 1 kiwi

3. MON PETIT-DÉJ « CÉRÉALES DU MATIN »

- Thé earl grey (nature)
- Muesli floconneux*, lait d'amande
- 4 cubes d'ananas

4. MON PETIT-DÉJ « CONTINENTAL »

- Thé ou café (nature)
- Pain d'épeautre*, beurre, miel
- Un petit ramequin de fruits rouges/noirs

5. MON PETIT-DÉJ EXPRESS « ÉNERGIE »

- Thé ou café (nature)
- P'tit-déj 100 % tonus*

6. SUPER-DÉTOX (LA FÊTE DU FOIE !)

- Jus détox*
- Tartare de cabillaud au citron*
- Soupe froide de fraises à la pastèque*

7. COUPE-FAIM

- 1 œuf mayo (à la tofu-naise*)
- Riz sauté au poulet et à l'estragon*
- Mousse à l'avoine et aux kiwis*

8. MARS ATTACK ! (LA VIE EN VERT)

- Green salade*, assiette froide au carpaccio de bœuf*
- Mon green smoothie détox

9. BBQ

- Salade de pâtes au thon et au citron*
- Green salade*
- Grillades de bœuf, porc, poissons… au choix
- Ananas rôti au BBQ

10. RÉGRESSIF

- Sardine à l'huile
- Salade de millet aux moules*
- Banane poêlée au chocolat*

11. DIMANCHE PROCHAIN

- Salade du jardin (salade verte, tomate…)
- Filet mignon à la purée de carotte*
- Tarte aux fraises (pâte à la farine d'épeautre)

12. CHAUD !

- Crevettes grillées aux épices*
- Gratin de potiron*
- ½ poire pochée, chocolat chaud

13. EN MER

- Rillettes de thon à la ciboulette*
- Saumon taille fine*
- Café gourmand (café + 1 carré de chocolat noir)

14. ENTRE COPINES

- Quiche au thon et à la tomate*
- Salade de mâche
- Compote pomme-rhubarbe sans sucre ajouté

15. TOUT CRU DES ÎLES

- Carpaccio de lieu au citron*
- Velouté de concombre coco-menthe*
- Ananas frais, noix de coco râpée

16. SO CHIC

- Barquette d'endive au saumon fumé*
- Saint-Jacques rôties au basilic et au citron
- Terrine de fruits Bikini*

17. MENU 100 % VERT ET EN MODE « SUPERALIMENTS »

- Soupe de légumes spirulinée*
- Curry de tofu à l'ananas*
- Glace veggie*

18. CHEZ MAMAN

- Salade détox aux haricots verts*
- Marmite de poulet aux patates douces*
- Mousse framboises-myrtilles*

19. BRIC-À-BRAC

- ½ avocat au poivre
- Boulettes au thym et à la tomate*
- Perles du Japon au citron vert*

20. SUR LE VIEUX PORT DE MARSEILLE

- Salade de calamar au pamplemousse*
- Fenouils braisés à la badiane*
- Soupe de clémentine à la réglisse*

21. JE VEUX DES ŒUFS !

- Salade d'épinard à l'œuf poché*
- Flan de courgette au thym*
- Fraises fraîches

22. JE VEUX UNE CÔTE DE BŒUF !

- Côte de bœuf grillée aux tomates rôties*
- Champignons poêlés
- Salade verte
- Tartare d'ananas

23. COMME QUAND J'ÉTAIS PETIT...

- Croquettes de poulet*
- Cœur de laitue (sucrine)
- Banane poêlée au chocolat*

24. VIIIIIIIIIIIIIIIIIIIIIIIITE !

- Grosse salade verte (mélange de jeunes pousses)
- Omelette complète*
- Crème glacée express à la myrtille*

25. BACK FROM USA

- Salade « chef » comme aux USA*
- Crème à la banane et aux pépites de chocolat*

26. FOREVER YOUNG

- Salade de dinde anti-âge*
- Fagots de carottes et de haricots verts*
- Milk-shake à la papaye*

27. ALLER SIMPLE POUR L'ASIE

- Rouleau de printemps[1] et feuille de menthe fraîche
- Salade de bœuf façon « tigre qui pleure »*
- Perles du Japon au citron vert*

---

1. Ne confondez pas avec les nems, frits !

28. TAILLE FINE

- Poêlée thaïe (fine)
- Soupe de papaye, kiwi et citron vert*

29. TAILLE SUPER-FINE

- Cabillaud à la salsa de tomates*
- Salade tiède de haricots verts
- Duo d'ananas*

30. ET MOI, JE RESTE TRANQUILLE

- Saumon au lait de coco et aux bananes*
- Salade asiatique aux germes de soja*
- Café blanc (eau bouillante + eau de fleur d'oranger + miel)

31. APÉRITIF DÎNATOIRE

- Cocktail Aqua fresca*
- Chips de carottes au cumin*
- Toasts apéro de concombre*
- Crackers apéro à l'épeautre et aux graines*
- Verrines du Sud*
- Fruits à picorer (fraises, framboises, litchis…)

32. PETITS CREUX

- Thé glacé maison (laissez infuser du thé dans de l'eau froide, une nuit dans le frigo)
- Barres de céréales anti-petit creux*

33. GROSSE FAIM À QUATRE HEURES (OU PETIT-DÉJ DU SPORTIF)

- Jus « easy digest »*
- Porridge à l'avoine*

MES 100 PETITES RECETTES MAGIQUES SANS FODMAPS

Mes petits-déjeuners zéro souci

BARRES DE CÉRÉALES ANTI-PETIT CREUX

Anticholestérol, antidiabète

POUR 6 PERSONNES
PRÉPARATION : 10 MINUTES
CUISSON : 40 MINUTES

INGRÉDIENTS : 170 g de flocons d'avoine ; 25 g de noisettes concassées ; 60 g de sirop d'érable ; 40 g d'huile de coco ; 1 c. à c. de cacao amer.

- Préchauffez le four à 180 °C (th. 6). Chauffez le sirop et l'huile dans une casserole. Ajoutez le cacao, les noisettes et les flocons, mélangez bien.
- Tassez la préparation dans un moule carré ou rectangulaire tapissé de papier sulfurisé, sur une hauteur de 1,5 cm environ et enfournez pour 30 minutes de cuisson. Sortez du four, coupez en barres à l'aide d'un couteau et remettez 10 minutes au four. Laissez refroidir et démoulez.
- Ces barres se conservent dans des boîtes hermétiques.

LE CONSEIL EN + POUR BIEN DIGÉRER

Pas de fruits séchés dans ces barres (raisins, abricots, figues…). Mais en fonction de votre tolérance personnelle et de votre expérience, vous pouvez décider d'ajouter 50 grammes de fruits séchés coupés en tout petits dés. Petit conseil pratique : posez une petite casserole sur votre balance et pesez les liquides (sirop et huile de coco, solide à température ambiante) au lieu de mesurer leur volume. C'est pour cette raison que nous vous donnons exceptionnellement le poids de ces ingrédients. Moins de vaisselle et pas une goutte perdue puisque vous utiliserez directement la casserole.

CHIA AU LAIT

Coupe-faim, bonne humeur

POUR 4 PERSONNES
PRÉPARATION : 10 MINUTES
REPOS : 12 HEURES
SANS CUISSON

INGRÉDIENTS : 50 cl de lait végétal (amande, soja, riz...) ; 2 bananes bien mûres ; 1 c. à c. d'extrait de vanille ; 80 g de graines de chia.

- Mettez le lait, les bananes épluchées et coupées en morceaux et l'extrait de vanille dans un robot. Mixez jusqu'à l'obtention d'une consistance lisse.
- Versez dans un saladier et incorporez les graines de chia. Mélangez, couvrez de film étirable et laissez gonfler au réfrigérateur pendant 12 heures, en remuant si possible une ou deux fois.
- Mélangez une nouvelle fois avant de répartir dans des ramequins.

LE CONSEIL EN + POUR BIEN DIGÉRER

Les graines de chia sont de nouveaux « superaliments » en France, mais connus depuis des siècles en Amérique du Sud. Elles se trouvent facilement en magasins bio et dans certaines parapharmacies. Vous pouvez décorer ces crèmes crues avec des dés de fruits frais, quelques amandes effilées...

MILLET AU LAIT ET AU CACAO

Antistress, spécial sommeil

POUR 4 PERSONNES
PRÉPARATION : 10 MINUTES
CUISSON : 45 MINUTES

INGRÉDIENTS : 70 cl de lait végétal (soja, amande…) ; ½ gousse de vanille ; 100 g de millet ; 1 c. à c. bombée de cacao amer ; 1 banane bien mûre ; 1 c. à s. bombée de purée d'amande blanche.

- Fendez la demi-gousse de vanille dans la longueur et grattez les graines avec la pointe d'un couteau.
- Versez le lait dans une casserole, ajoutez les graines de vanille. Portez à ébullition, versez le millet, le cacao amer et remuez doucement jusqu'à la reprise de l'ébullition. Laissez cuire 40 minutes à feu doux en remuant régulièrement.
- Laissez le millet tiédir, puis incorporez la purée d'amande blanche à l'aide d'un fouet et la banane préalablement mixée (ou écrasée finement à l'aide d'une fourchette). Servez tiède de préférence.

LE CONSEIL EN + POUR BIEN DIGÉRER

Le millet se trouve facilement dans toutes les boutiques bio. Selon vos goûts, vous pouvez remplacer la vanille par un peu de cannelle en poudre.

MUESLI FLOCONNEUX

Anticholestérol, antidiabète

POUR 4 PERSONNES
PRÉPARATION : 10 MINUTES
CUISSON : 5 MINUTES

INGRÉDIENTS : 150 g de flocons d'épeautre ; 75 g de flocons de riz ; 75 g de flocons de sarrasin ; 50 g d'amandes effilées ; 50 g de graines de courge ; quelques pincées de cannelle.

- Mettez les graines de courge et les flocons dans une poêle et faites-les dorer 3 minutes environ, en remuant régulièrement.
- Ajoutez les amandes effilées et faites dorer le tout encore 2 minutes. Saupoudrez de cannelle et remuez encore.
- Laissez refroidir totalement puis versez dans un bocal en verre et refermez hermétiquement.

LE CONSEIL EN + POUR BIEN DIGÉRER

Dégustez ce muesli avec du lait végétal (soja, amande, riz…). Pour une saveur douce et gourmande, ajoutez un trait de lait de coco dans le mélange. Encore plus onctueux !

PAIN D'ÉPEAUTRE

Coupe-faim

POUR 1 PAIN
PRÉPARATION : 15 MINUTES
REPOS : 3 H 30 À 4 H 30
CUISSON : 45 MINUTES À 1 HEURE

INGRÉDIENTS : 500 g de farine de petit-épeautre ; 35 cl d'eau tiède ; 1 sachet de levure de boulanger déshydratée ; 2 c. à c. de sel ; huile pour le moule.

- Prélevez 50 g de farine et mettez-la dans un petit bol avec la levure et 10 cl d'eau tiède prélevée sur les 35 cl de la recette.
- Laissez fermenter 30 minutes environ : le mélange doit doubler de volume et légèrement mousser.
- Mettez le reste de farine et le sel dans un saladier ou le bol d'un robot, ajoutez le levain et le reste d'eau, et pétrissez jusqu'à ce que la pâte soit homogène. Si vous choisissez la version « à la main », pétrissez 10 minutes. C'est la durée nécessaire pour un pain bien levé et aéré.
- Couvrez d'un torchon et laissez lever environ 2 heures. Travaillez la pâte puis mettez-la dans un moule à cake huilé et fariné. Laissez lever à nouveau, pour qu'elle double de volume (1 à 2 heures).
- Préchauffez le four à 180 °C (th. 6).
- Faites cuire 45 minutes à 1 heure. Surveillez la coloration du pain et couvrez d'une feuille de papier-alu si la surface dore trop.

→

LE CONSEIL EN + POUR BIEN DIGÉRER

Choisissez de la farine de petit-épeautre de Haute Provence (en magasins bio ou sur Internet). Très digeste, le petit-épeautre a la particularité de n'avoir jamais été modifié pendant près de 10 000 ans, contrairement au blé d'aujourd'hui, passé par de nombreuses étapes de transformation et de croisements. En outre, il offre une légère saveur de noix.
À tartiner d'une fine couche de beurre ou de purée d'amande, mais attention au miel et à la confiture !

P'TIT-DÉJ 100 % TONUS

Riche en vitamine C

POUR 4 PERSONNES
PRÉPARATION : 10 MINUTES
REPOS : 15 MINUTES
CUISSON : 5 MINUTES

INGRÉDIENTS : 200 g de flocons d'avoine précuits (Quaker Oats) ; 4 yaourts de soja ; 2 c. à c. de sirop d'érable ; 3 kiwis ; 100 g de framboises.

- Faites dorer les flocons d'avoine dans une poêle antiadhésive, sans les laisser noircir, 5 minutes environ. Ils doivent simplement dorer. Mettez-les dans un saladier.
- Fouettez les yaourts de soja avec le sirop d'érable, répartissez dans 4 ramequins. Ajoutez les flocons d'avoine par-dessus. Pelez les kiwis, coupez-les en dés, disposez-les sur les flocons ainsi que les framboises.

LE CONSEIL EN + POUR BIEN DIGÉRER

N'hésitez pas à varier les fruits selon la saison. Les fruits rouges surgelés se prêtent aussi très bien à l'exercice. Il suffit de laisser décongeler la quantité souhaitée la veille dans un ramequin au réfrigérateur : ils seront prêts pour le petit-déjeuner.

PANCAKES DE SARRASIN

Gourmands, antioxydants

POUR 18 PANCAKES ENVIRON
PRÉPARATION : 10 MINUTES
REPOS : 1 HEURE
CUISSON : 3 MINUTES ENVIRON PAR PANCAKE

INGRÉDIENTS : 150 g de farine de sarrasin ; 50 g de farine de riz ; 2 œufs ; 20 cl de lait végétal (soja, noisette, amande…) ; 1 sachet de levure chimique (sans gluten) ; 2 c. à s. d'huile de tournesol ; 1 pincée de sel.

- Dans un saladier, mélangez les farines, la levure et le sel. Creusez un puits, ajoutez les œufs, l'huile et un peu de lait. Commencez à mélanger avec un fouet, en ajoutant peu à peu du lait, de façon à obtenir une pâte fluide et assez épaisse.
- Couvrez et laissez reposer 1 heure.
- Chauffez une petite poêle à blinis huilée. Versez une petite louche de pâte et laissez cuire sur feu moyen. Quand des bulles se forment à la surface, décollez délicatement le pancake et retournez-le. Laissez cuire encore quelques instants de l'autre côté. Servez aussitôt.

LE CONSEIL EN + POUR BIEN DIGÉRER

La pâte se conserve deux jours au réfrigérateur, dans un shaker ou tout autre récipient hermétique. Secouez-la ou mélangez-la bien avant de l'utiliser de nouveau. Non sucrés, ces pancakes se dégustent aussi bien au petit-déjeuner qu'à table, avec du saumon fumé, des rillettes de thon (voir recette p. 79)…

PORRIDGE À L'AVOINE

Anticholestérol, antigrignotages

POUR 4 PERSONNES
PRÉPARATION : 5 MINUTES
CUISSON : 5 MINUTES

INGRÉDIENTS : 160 g de flocons d'avoine ; 1 l de lait végétal au choix (amande, soja, riz…) ; 1 c. à c. de cannelle ; 4 c. à s. de sirop d'érable.

- Versez le lait dans une casserole avec les flocons d'avoine, portez à frémissements et laissez cuire 5 minutes sans cesser de mélanger.
- Ôtez du feu, ajoutez la cannelle, le sirop d'érable, et versez dans des bols. Servez tiède.

LE CONSEIL EN + POUR BIEN DIGÉRER

À base d'avoine, à index glycémique bas, et aromatisé à la cannelle, qui permet de réguler la glycémie, le porridge anglais est une recette parfaite pour éviter les envies de grignotage dans la matinée. Facultatif : servez avec des quartiers de fraises, des dés de kiwis, de papaye…

Apéros

CHIPS DE CAROTTES AU CUMIN

Bonne mine, digestion facile

POUR 4 PERSONNES
PRÉPARATION : 10 MINUTES
CUISSON : 20 MINUTES

INGRÉDIENTS : 4 grosses carottes ; 4 c. à s. d'huile d'olive ; 3 c. à c. de cumin en poudre ; sel.

- Préchauffez le four à 210 °C (th. 7). Épluchez les carottes et coupez-les en fines rondelles (à l'aide d'une mandoline si vous en avez une). Tamponnez-les délicatement dans du papier absorbant.
- Mélangez-les dans un saladier avec l'huile d'olive, du sel et le cumin.
- Étalez les carottes sur une plaque à four recouverte de papier sulfurisé et laissez sécher 20 minutes environ en les retournant plusieurs fois, de façon à ce qu'elles ne noircissent pas.
- Laissez ensuite refroidir complètement dans le four.

LE CONSEIL EN + POUR BIEN DIGÉRER

Bien connu pour ses vertus carminatives et antiballonnements, le cumin représente un petit coup de pouce supplémentaire bienvenu quand la sphère digestive pose des soucis. Il se marie très bien avec les carottes : on n'hésite pas non plus à en mettre sur des carottes râpées, des purées de carottes…

COCKTAIL « AQUA FRESCA »

Antigrignotages, protection cardiaque

POUR 4 PERSONNES
PRÉPARATION : 5 MINUTES
RÉFRIGÉRATION : 2 HEURES
SANS CUISSON

INGRÉDIENTS : 80 cl d'eau minérale ; 4 c. à s. de graines de chia ; 2 citrons verts.

- Pressez les citrons verts, versez le jus dans une carafe avec l'eau minérale et les graines de chia. Mélangez, couvrez, placez au réfrigérateur et laissez gonfler minimum 2 heures.
- Mélangez de nouveau avant de servir frais.

LE CONSEIL EN + POUR BIEN DIGÉRER

Cette boisson d'origine aztèque est toujours préparée en Amérique centrale de nos jours. Outre leur teneur importante en nutriments (magnésium, fibres, oméga 3, fer, calcium, protéines…), les graines de chia (magasins bio et parapharmacies) ont le pouvoir de gonfler énormément au contact d'un liquide. Mais n'en abusez pas pour cause d'effet laxatif.
Vous pouvez préparer cette boisson la veille pour le lendemain, les graines auront parfaitement eu le temps de gonfler.

CRACKERS APÉRO À L'ÉPEAUTRE ET AUX GRAINES

Sans graisse hydrogénée, anticholestérol

POUR UNE TRENTAINE DE CRACKERS
PRÉPARATION : 15 MINUTES
CUISSON : 10 À 15 MINUTES

INGRÉDIENTS : 220 g de farine de petit-épeautre ; 5 cl d'huile d'olive ; 1 c. à s. rase de graines de pavot ; 1 c. à s. rase de graines de sésame ; 12 cl d'eau environ ; 1 c. à c. rase de sel fin.

- Préchauffez le four à 180 °C (th. 6). Mélangez la farine avec l'huile, le sel et incorporez peu à peu l'eau pour former une boule homogène.
- Farinez le plan de travail et étalez finement la pâte sur 3 mm d'épaisseur environ.
- Découpez des formes (triangles, disques, carrés…) à l'aide d'un emporte-pièce ou d'un couteau et rangez-les sur une plaque à four recouverte de papier sulfurisé. Parsemez-en la moitié de graines de sésame, et l'autre moitié de graines de pavot. Faites cuire 10 à 15 minutes. Attention, les biscuits ne doivent pas noircir.

LE CONSEIL EN + POUR BIEN DIGÉRER

Ces biscuits sont infiniment plus sains que ceux du commerce, et vous le verrez, beaucoup plus goûteux. Servez-les avec des rillettes de poisson ou des purées froides de légumes.

DIP DE LÉGUMES ET TOFU-NAISE

Super-minceur, immunité

POUR 1 BOL
PRÉPARATION : 5 MINUTES
SANS CUISSON

INGRÉDIENTS : 2 carottes ; 1 petit concombre ; 200 g de tofu soyeux ; 2 cornichons ; 1 c. à c. de ciboulette ciselée ; 2 c. à s. d'huile d'olive ; sel, poivre.

- Épluchez les carottes, rincez et séchez le concombre. Coupez le tout en bâtonnets. Détaillez les cornichons en tout petits dés.
- Fouettez le tofu avec l'huile, du sel, du poivre, les cornichons et la ciboulette.
- Placez au frais jusqu'au moment de servir, avec les bâtonnets de légumes.

LE CONSEIL EN + POUR BIEN DIGÉRER

Cette crème remplace parfaitement la béarnaise et peut aussi se servir avec un pavé de poisson froid, ou encore s'étaler dans des sandwichs à la place du beurre ou de la mayonnaise.

JUS « EASY DIGEST »

Digestion facile, tonus

POUR 4 PERSONNES
PRÉPARATION : 10 MINUTES
SANS CUISSON

INGRÉDIENTS : 1 ananas ; 2 citrons verts bio.

- Ôtez la queue de l'ananas, coupez-le en quatre puis éliminez l'écorce et le cœur central, dur. Coupez la chair en morceaux et mettez-les dans une centrifugeuse avec les deux citrons verts préalablement lavés et coupés en quatre.
- Activez la centrifugeuse, recueillez le jus et dégustez aussitôt.
- Si vous n'avez pas de centrifugeuse, passez le tout au mixeur puis filtrez à travers un grand tamis, en pressant bien à l'aide d'une cuillère pour extraire tout le jus.

LE CONSEIL EN + POUR BIEN DIGÉRER

L'ananas renferme des enzymes qui aident à digérer les protéines, à condition de le choisir frais (en boîte, il ne possède plus ces vertus, et en plus, il est sucré).

JUS BONNE MINE

Super-antioxydant, protection cancer

POUR 4 PERSONNES
PRÉPARATION : 10 MINUTES
SANS CUISSON

INGRÉDIENTS : 3 oranges ; 4 carottes ; 1 petit morceau de racine fraîche de curcuma.

- Épluchez les carottes, coupez-les en grosses rondelles. Pelez les oranges et le curcuma (attention aux doigts, ça tache) et passez le tout à la centrifugeuse.
- Servez aussitôt.

LE CONSEIL EN + POUR BIEN DIGÉRER

Le curcuma frais se trouve en magasins bio ou asiatiques, sous forme de racine, comme le gingembre. Il suffit de le peler puis de le presser ou de le faire infuser dans des bouillons ou des potages. Il agit comme un antioxydant puissant. À défaut de curcuma frais, utilisez 1 c. à c. de poudre.

JUS DÉTOX

Reminéralisant, ami du foie

POUR 4 PERSONNES
PRÉPARATION : 10 MINUTES
SANS CUISSON

INGRÉDIENTS : 1 petit radis noir ; 1 concombre ; 3 branches de céleri.

- Pelez le radis noir, coupez-le en morceaux. Rincez soigneusement le concombre et les branches de céleri. Coupez-les également en morceaux.
- Passez le tout à la centrifugeuse, servez dans des verres et dégustez aussitôt.

LE CONSEIL EN + POUR BIEN DIGÉRER

Le radis noir est un allié parfait contre les toxines. Il est traditionnellement employé pour nettoyer le foie, en stimulant la sécrétion de la bile. Il stimule également les mouvements péristaltiques de l'intestin, ce qui accélère le transit.

RILLETTES DE THON À LA CIBOULETTE

Riches en protéines, minceur

POUR 4 PERSONNES
PRÉPARATION : 5 MINUTES
SANS CUISSON

INGRÉDIENTS : 1 boîte de thon au naturel (140 g) ; 2 yaourts de soja ; 1 c. à s. de jus de citron ; 1 c. à s. de ciboulette ciselée ; poivre.

- Égouttez le thon et mettez-le dans un saladier. Écrasez-le à l'aide d'une fourchette puis ajoutez les yaourts au soja, le jus de citron, la ciboulette et du poivre.
- Travaillez le tout jusqu'à obtention d'une préparation onctueuse. Placez au frais jusqu'au moment de servir.

LE CONSEIL EN + POUR BIEN DIGÉRER

Le thon est ultra-concentré en protéines et quasiment dépourvu de lipides. Dégustez ces rillettes sur des rondelles de concombre ou de radis noir, avec des bâtons de carottes ou de céleri, ou pour farcir des feuilles d'endives.

SAUCE APÉRO AU POIVRON ROUGE

Super-minceur, bonne mine, antioxydante

POUR 4 PERSONNES
PRÉPARATION : 5 MINUTES
CUISSON : 20 À 25 MINUTES

INGRÉDIENTS : 1 poivron jaune ; 1 poivron rouge ; 1 yaourt au soja ; quelques pincées de paprika ; sel, poivre.

- Préchauffez le four à 210 °C (th. 7), position gril. Rincez les poivrons, faites-les cuire au four 20 à 25 minutes en les retournant régulièrement, jusqu'à ce que la peau boursoufle et noircisse. Laissez tiédir en les égouttant dans une passoire.
- Éliminez la queue et les pépins des poivrons, pelez-les, séchez-les parfaitement en les tamponnant avec un papier absorbant, puis mixez-les finement avec le tofu, le paprika, du sel et du poivre.
- Versez dans un bol et placez au réfrigérateur jusqu'au moment de servir. Accompagnez de bâtons de légumes crus.

LE CONSEIL EN + POUR BIEN DIGÉRER

Égouttez parfaitement les poivrons : s'ils sont encore gorgés de liquide, la sauce sera trop fluide. Si jamais c'est le cas, vous pourrez l'épaissir en la remixant avec 1 c. à s. de son d'avoine.

TOASTS APÉRO DE CONCOMBRE

Minceur, riches en protéines

POUR 4 PERSONNES
PRÉPARATION : 15 MINUTES
SANS CUISSON

INGRÉDIENTS : 160 g de crevettes roses cuites et décortiquées ; 1 yaourt au soja ; 1 concombre ; piment d'Espelette.

- Pelez soigneusement le concombre. Coupez-le en tranches de 4 mm d'épaisseur environ.
- Détaillez les crevettes en tronçons et mélangez-les avec le yaourt au soja et quelques pincées de piment d'Espelette. (Vous pouvez aussi mixer le tout grossièrement.)
- Déposez un peu de préparation sur chaque rondelle de concombre. Servez frais.

LE CONSEIL EN + POUR BIEN DIGÉRER

Des toasts apéro 100 % détox, riches en protéines, en fibres, et à quasiment 0 % de matière grasse. N'oubliez pas de bien peler le concombre si vous avez du mal à tolérer sa peau.

VERRINES DU SUD

Antioxydantes, minceur

POUR UNE DOUZAINE DE PETITES VERRINES
PRÉPARATION : 10 MINUTES
CUISSON : 35 MINUTES
ATTENTE : 30 MINUTES

INGRÉDIENTS : 1 poivron jaune ; 1 poivron rouge ; 6 tranches de filet de bacon ; 2 yaourts de soja ; 1 c. à s. de basilic ciselé ; 1 pincée de cumin en poudre ; poivre.

- Préchauffez le four à 240 °C (th. 8) en position gril. Mettez les poivrons dans un plat huilé et faites-les cuire 30 minutes environ, jusqu'à ce que leur peau boursouffle. Laissez refroidir 30 minutes, puis ôtez la peau et les pépins et coupez-les en lanières. Ajoutez le cumin et poivrez.
- Faites raidir les tranches de bacon dans une poêle antiadhésive. Ôtez du feu et laissez refroidir.
- Mélangez les yaourts avec du poivre et le basilic ciselé. Répartissez-les dans des petites verrines puis recouvrez de lanières de poivrons. Coupez les tranches de filet de bacon en morceaux, parsemez-les sur les verrines et placez au frais jusqu'au moment de servir.

LE CONSEIL EN + POUR BIEN DIGÉRER

Les tranches de filet de bacon sont très peu grasses, contrairement à la poitrine fumée. Mais comme elles sont salées, ne salez pas la préparation.

Mes entrées 100 % fraîcheur

BARQUETTES D'ENDIVES AU SAUMON FUMÉ

Super-minceur

POUR 4 PERSONNES
PRÉPARATION : 10 MINUTES
SANS CUISSON

INGRÉDIENTS : 2 belles endives ; 400 g de tofu soyeux ; 3 c. à s. de ciboulette ciselée ; 2 tranches de saumon fumé ; sel, poivre.

- Mixez le saumon fumé et le tofu soyeux jusqu'à obtention d'un mélange homogène. Ajoutez les herbes, le sel et le poivre.
- Détachez les feuilles d'endives et garnissez-les de préparation. Servez très frais.

LE CONSEIL EN + POUR BIEN DIGÉRER

Des endives bien fraîches, aux feuilles bien charnues et craquantes, sont indispensables. Rouges ou jaunes, comme vous voulez !

CARPACCIO DE LIEU AU CITRON

Hyperprotéiné, minceur

POUR 4 PERSONNES
PRÉPARATION : 15 MINUTES
CONGÉLATION : 30 MINUTES
SANS CUISSON

INGRÉDIENTS : 400 g de filets de lieu sans peau ; 1 citron jaune ; 1 citron vert ; 1 c. à c. d'aneth ciselé ; 1 c. à c. de baies roses ; 1 c. à s. d'huile de colza ; sel.

- Placez les filets de lieu 30 minutes au congélateur, pour faciliter la découpe. Pendant ce temps, pressez les citrons. Versez le jus dans un bol, ajoutez l'huile, l'aneth et salez.
- Taillez les filets de lieu en fines tranches avec un grand couteau. Répartissez-les dans des assiettes. Parsemez de baies roses et arrosez de sauce. Servez aussitôt.

LE CONSEIL EN + POUR BIEN DIGÉRER

Le lieu, comme le cabillaud, offre une chair très maigre et très riche en protéines, ainsi que de l'iode, essentiel au bon métabolisme. Vous pouvez déguster ce carpaccio avec des pancakes de sarrasin (voir recette p. 69).

FLANS AU SAUMON

Bonne humeur, protection cardiaque

POUR 4 PERSONNES
PRÉPARATION : 10 MINUTES
CUISSON : 25 MINUTES

INGRÉDIENTS : 4 œufs ; 10 cl de crème de soja cuisine ; 150 g de saumon frais ; sel, poivre.

- Préchauffez le four à 180 °C (th. 6). Coupez le saumon en petits dés et répartissez-les dans 4 ramequins. Battez les œufs dans un saladier, ajoutez la crème de soja, salez, poivrez.
- Versez sur le saumon et faites cuire 25 minutes environ. Servez chaud.

LE CONSEIL EN + POUR BIEN DIGÉRER

Grâce à la crème de soja (rayon diététique des grandes surfaces), pas de lactose dans cette recette. Vous pouvez remplacer le saumon par des crevettes, des moules, des pétoncles, du haddock…

GREEN SALADE

Antioxydante, tonus

POUR 4 PERSONNES
PRÉPARATION : 5 MINUTES
SANS CUISSON

INGRÉDIENTS : 2 avocats ; 3 kiwis ; 1 c. à s. de coriandre fraîche ; 1 citron vert ; sel, poivre.

- Coupez les avocats en deux, ôtez les noyaux, pelez-les puis coupez la chair en quartiers. Arrosez-les avec quelques gouttes de jus de citron vert. Pelez les kiwis et coupez-les en tranches.
- Mélangez le tout dans un saladier avec la coriandre. Salez et poivrez légèrement, et dégustez aussitôt.

LE CONSEIL EN + POUR BIEN DIGÉRER

L'avocat renferme du glutathion, un antioxydant qui favorise l'excrétion des toxines, ainsi que des acides gras insaturés, bénéfiques à l'organisme. À déguster rapidement après préparation, et toujours avec quelques gouttes de jus de citron pour lui éviter de s'oxyder.

SALADE ASIATIQUE AUX GERMES DE SOJA

Minceur, détox

POUR 4 PERSONNES
PRÉPARATION : 10 MINUTES
SANS CUISSON

INGRÉDIENTS : 1 grosse poignée de germes de soja ; 2 belles carottes ; 2 c. à s. d'huile de sésame ; 1 citron ; 2 c. à s. de coriandre hachée ; sel, poivre.

- Épluchez les carottes et râpez-les sur une râpe à gros trous, ou taillez-les en lanières à l'aide d'une mandoline ou d'un couteau économe. Rincez et séchez délicatement les germes de soja. Mettez le tout dans un saladier.
- Pressez le citron, fouettez son jus avec l'huile de sésame, la coriandre, du sel et du poivre. Versez sur les légumes et mélangez délicatement. Servez aussitôt.

LE CONSEIL EN + POUR BIEN DIGÉRER

N'hésitez pas à parsemer généreusement votre salade de coriandre ciselée : elle possède des propriétés digestives. La fraîche est évidemment la meilleure, mais la coriandre surgelée se défend très bien aussi.

SALADE DÉTOX AUX HARICOTS VERTS

Détox, minceur

POUR 4 PERSONNES
PRÉPARATION : 5 MINUTES
CUISSON : 15 MINUTES

INGRÉDIENTS : 200 g de haricots verts, frais ou surgelés ; 1 carotte ; 1 bouquet de cresson ; 1 orange ; 2 c. à s. d'huile d'olive ; 2 brins de menthe fraîche ; sel, poivre.

- Plongez les haricots verts 15 minutes dans de l'eau bouillante salée, égouttez. Laissez refroidir.
- Rincez et essorez le cresson, éliminez les tiges les plus grosses et les plus dures.
- Épluchez la carotte et coupez-la en tagliatelles à l'aide d'un économe.
- Pressez l'orange et fouettez son jus avec l'huile d'olive, salez, poivrez. Mélangez les légumes dans un saladier, ajoutez les feuilles de menthe et la sauce à l'orange. Servez aussitôt.

LE CONSEIL EN + POUR BIEN DIGÉRER

Grâce à leur teneur en potassium et à leurs fibres, la carotte et les haricots verts favorisent le drainage. À défaut de cresson, vous pouvez utiliser de la mâche ou de la roquette.

SOUPE DE LÉGUMES SPIRULINÉE

Super-riche en minéraux, super-détox

POUR 6 PERSONNES
PRÉPARATION : 5 MINUTES
CUISSON : 10 MINUTES

INGRÉDIENTS : 400 g d'épinards surgelés ; 20 cl de lait de soja ; 1 petite courgette ; 1 c. à c. de spiruline ; 1 ou 2 pincées de muscade ; sel, poivre.

- Rincez la courgette, ôtez les extrémités et coupez-la en morceaux. Mettez-les dans un autocuiseur avec les épinards, la muscade, salez, poivrez et versez 60 cl d'eau. Fermez l'autocuiseur et faites cuire 10 minutes à partir de la montée en pression.
- Mixez avec le lait et la spiruline. Servez aussitôt.

LE CONSEIL EN + POUR BIEN DIGÉRER

La spiruline, une algue, se trouve sous forme de poudre en magasins bio. Sa richesse en chlorophylle, antiseptique et cicatrisante, aide à détoxifier l'organisme. Elle est aussi riche en acides aminés essentiels, en minéraux (fer, zinc, magnésium, sélénium...), vitamines (du groupe B dont la B12, E, bêta-carotène...), et contient de la SOD (superoxyde dismutase), un puissant antioxydant.

SOUPE FROIDE AOP

Super-antioxydante, vitamine C

POUR 4 PERSONNES
PRÉPARATION : 10 MINUTES
SANS CUISSON

INGRÉDIENTS : 2 avocats bien mûrs ; 4 à 5 oranges à jus ; 2 brins de persil plat ; poivre.

- Coupez les avocats en deux, retirez les noyaux et récupérez la chair à l'aide d'une petite cuillère. Mettez-la dans un robot avec les feuilles de persil et du poivre.
- Pressez les oranges : vous devez obtenir environ 40 cl de jus. Versez ce dernier dans le robot et mixez finement de façon à obtenir une préparation lisse et onctueuse.
- Servez aussitôt.

LE CONSEIL EN + POUR BIEN DIGÉRER

Pas d'Appellation d'Origine Protégée ici, mais un cocktail d'ingrédients hautement détoxifiants. Le persil agit notamment au niveau du foie et est un diurétique naturel. Si vous avez une centrifugeuse, n'hésitez pas à en mettre dans vos jus de légumes.

TARTARE DE VEAU À LA TOMATE ET À LA CIBOULETTE

Riche en protéines

POUR 4 PERSONNES
PRÉPARATION : 10 MINUTES
SANS CUISSON

INGRÉDIENTS : 400 g de veau ; 2 c. à s. de ciboulette ciselée ; 8 cornichons ; 1 c. à s. de câpres ; 1 tomate ; sel, poivre.

- Coupez la tomate en tout petits dés (éliminez les pépins), ainsi que les cornichons et les câpres. Taillez le veau également en tout petits dés à l'aide d'un couteau bien tranchant. Salez, poivrez, ajoutez la ciboulette, les cornichons, les câpres et la tomate.
- Dressez le tartare dans des cercles, tassez bien puis retirez les cercles. Servez aussitôt.

LE CONSEIL EN + POUR BIEN DIGÉRER

On est habitués aux tartares de saumon ou de bœuf, mais on connaît moins les tartares de veau, pourtant très fins au goût. Évitez l'oignon ou l'échalote, souvent utilisés dans les tartares, et donnez-leur du goût et du croquant avec des herbes, des dés de tomates, des cornichons et des câpres.

VELOUTÉ DE CONCOMBRE COCO-MENTHE

Reminéralisant

POUR 4 PERSONNES
PRÉPARATION : 10 MINUTES
SANS CUISSON
RÉFRIGÉRATION : 1 HEURE

INGRÉDIENTS : 1 concombre ; 3 yaourts au soja ; 20 cl de lait de coco ; 1 c. à s. de menthe fraîche ciselée ; sel, poivre.

- Épluchez le concombre et coupez-le en morceaux. Mettez-les dans le bol d'un robot avec les yaourts, le lait de coco, la menthe, du sel et du poivre. Mixez finement le tout.
- Répartissez dans des bols et placez 1 heure au frais avant de servir.

LE CONSEIL EN + POUR BIEN DIGÉRER

On utilise souvent le lait de coco dans des sauces de currys et dans des desserts, mais peu dans des soupes froides. Essayez, c'est délicieux ! À défaut, vous pouvez le remplacer par de la crème de soja liquide.

Mes quiches, tartines et salades repas

QUICHE AU SAUMON ET AU FENOUIL

Coupe-faim

POUR 6 À 8 PARTS
PRÉPARATION : 20 MINUTES
CUISSON : 30 MINUTES

INGRÉDIENTS : 200 g de farine d'épeautre ; 100 g de beurre mou ; eau tiède ; 1 bulbe de fenouil ; 150 g de filet de saumon ; 3 œufs ; 15 cl de lait végétal ; 10 cl de crème de soja cuisine ; sel, poivre.

- Mettez la farine et le beurre coupé en petits morceaux dans un saladier. Salez, mélangez puis pétrissez en ajoutant la quantité d'eau nécessaire pour obtenir une pâte lisse et homogène. Étalez la pâte, garnissez-en une tourtière puis placez le tout au réfrigérateur.
- Rincez le bulbe de fenouil et émincez-le. Faites-le cuire 20 minutes à la vapeur, il doit être tendre. Laissez refroidir.
- Préchauffez le four à 210 °C (th. 7). Cassez les œufs dans un saladier, fouettez-les avec la crème de soja et le lait. Salez légèrement, poivrez. Coupez le saumon en dés, ajoutez-les à la préparation ainsi que les morceaux de fenouil. Versez le tout sur le fond de pâte en répartissant bien les morceaux. Faites cuire 30 minutes.

LE CONSEIL EN + POUR BIEN DIGÉRER

La farine de petit-épeautre se trouve en magasins bio. Vous pouvez ajouter quelques graines de fenouil dans la garniture, mélangés avec les légumes, ou directement dans la pâte. Croquant et super-bon !

QUICHE AU THON ET À LA TOMATE

Anticholestérol

POUR 6 À 8 PARTS
PRÉPARATION : 20 MINUTES
CUISSON : 30 MINUTES

INGRÉDIENTS : 200 g de farine d'épeautre ; 100 g de beurre mou ; eau tiède ; 1 grosse boîte de thon au naturel ; 2 à 3 tomates (selon leur taille) ; 1 c. à s. bombée de moutarde ; 8 olives noires dénoyautées ; sel, poivre.

- Mettez la farine et le beurre coupé en petits morceaux dans un saladier. Salez, mélangez puis pétrissez en ajoutant la quantité d'eau nécessaire pour obtenir une pâte lisse et homogène. Étalez la pâte, garnissez-en une tourtière.
- Préchauffez le four à 210 °C (th. 7). Étalez la moutarde sur le fond de pâte. Égouttez soigneusement le thon, détachez-le en morceaux. Répartissez-les sur le fond de pâte. Coupez les tomates en tranches, rangez-les sur le thon et ajoutez les olives. Poivrez légèrement et faites cuire 30 minutes.

LE CONSEIL EN + POUR BIEN DIGÉRER

Vous pouvez tout à fait parsemer cette quiche de parmesan ou de comté râpé si vous en avez envie : le lactose n'y est présent qu'à l'état de traces.

SALADE AU CANARD ET À L'ORANGE

Antioxydante, antifatigue

POUR 4 PERSONNES
PRÉPARATION : 10 MINUTES
CUISSON : 20 MINUTES

INGRÉDIENTS : 4 poignées de jeunes pousses de salade mélangées ; 1 gros magret de canard ; 2 oranges bio ; 2 tranches de pain d'épeautre ; ½ poivron rouge ; 1 c. à s. d'huile d'olive ; 1 c. à s. de ciboulette ciselée ; sel, poivre

- Prélevez 3 bandes de zestes sur une orange, ébouillantez-les puis coupez-les en lanières. Fouettez son jus avec l'huile, du sel et du poivre. Pelez l'autre orange à vif et détachez les segments de leurs membranes. Recoupez-les en morceaux.
- Coupez les tranches de pain en dés et faites-les dorer quelques minutes dans une poêle antiadhésive, en les retournant. Réservez et nettoyez la poêle.
- Saisissez le magret de canard côté peau dans la poêle 10 minutes. Retournez-le et poursuivez la cuisson 5 à 6 minutes. Ôtez du feu, retirez la peau et coupez en tranches épaisses. Assaisonnez la salade avec la vinaigrette, mélangez avec les morceaux d'orange, les zestes, le poivron rouge en dés et la ciboulette. Répartissez dans des assiettes, puis ajoutez les tranches de canard et les dés de pain.

LE CONSEIL EN + POUR BIEN DIGÉRER

Si vous avez du mal à digérer la peau du poivron, pensez à le peler au préalable.

SALADE « CHEF » COMME AUX USA

Minceur, bonne pour les muscles

POUR 4 PERSONNES
PRÉPARATION : 10 MINUTES
SANS CUISSON

INGRÉDIENTS : 8 feuilles de laitue ; 1 tranche de jambon épaisse de 5 mm ; 1 gros blanc de poulet cuit et froid ; 100 g d'emmental ; 1 œuf dur ; 2 tomates ; ¼ de concombre ; 1 c. à c. de moutarde ; 2 c. à s. d'huile de colza ; 4 c. à s. de vinaigre de vin ; poivre.

- Rincez, essorez et émincez les feuilles de salade. Coupez la tranche de jambon en dés ainsi que le fromage, et le blanc de poulet en fines tranches. Pelez le concombre (et ôtez les pépins s'ils vous posent souci).
- Écalez l'œuf, coupez-le en quatre. Détaillez les tomates en quartiers.
- Disposez la salade sur un plat puis répartissez les ingrédients par-dessus. Fouettez la moutarde avec l'huile et le vinaigre, arrosez-en la salade et servez aussitôt.

LE CONSEIL EN + POUR BIEN DIGÉRER

Cette recette typique aux États-Unis est composée d'œuf dur et d'une ou de plusieurs viandes (jambon, dinde, poulet, rôti de bœuf…). À vous de varier selon vos goûts ! Vous pouvez aussi utiliser de la mâche ou de jeunes pousses de salades. Quant à l'emmental, pas de souci, le lactose n'y est présent qu'à l'état de traces.

SALADE D'ÉPINARDS À L'ŒUF POCHÉ

Bonne pour les yeux

POUR 4 PERSONNES
PRÉPARATION : 10 MINUTES
CUISSON : 20 MINUTES

INGRÉDIENTS : 4 poignées de pousses d'épinards ; 4 œufs extra-frais ; 4 tranches de bacon ; 200 g de tomates cerises ; 1 c. à c. de moutarde ; 4 c. à s. de vinaigre de cidre ; 2 c. à s. d'huile d'olive ; 2 c. à s. de vinaigre d'alcool.

- Chauffez une poêle antiadhésive et faites dorer les tranches de bacon 5 à 10 minutes, jusqu'à ce qu'elles deviennent croustillantes. Coupez en morceaux. Rincez et essorez les pousses d'épinards, mettez-les dans un saladier avec les tomates cerises coupées en deux et les brisures de bacon.
- Portez à ébullition une grande casserole d'eau additionnée du vinaigre d'alcool. Cassez un œuf dans un bol et faites-le glisser dans l'eau. Laissez cuire 3 minutes, récupérez-le à l'aide d'une écumoire et déposez-le sur une assiette. Procédez de même pour les autres œufs, un par un.
- Fouettez la moutarde avec l'huile et le vinaigre de cidre. Versez dans la salade, mélangez rapidement et répartissez dans 4 assiettes. Déposez un œuf sur chaque et servez aussitôt.

LE CONSEIL EN + POUR BIEN DIGÉRER

Les œufs pochés ne sont pas compliqués à réussir, il faut simplement penser à vinaigrer l'eau (de façon à faciliter la coagulation du blanc) et à utiliser une grande casserole.

SALADE DE BŒUF FAÇON « TIGRE QUI PLEURE »

Coupe-faim, anti-inflammatoire

POUR 4 PERSONNES
PRÉPARATION : 10 MINUTES
CUISSON : 4 MINUTES
RÉFRIGÉRATION : 1 HEURE

INGRÉDIENTS : 4 pavés de bœuf ; 2 c. à s. de sauce soja sans blé ; 1 c. à c. de sirop d'érable ; 1 c. à c. de gingembre frais râpé ; 1 c. à s. de coriandre ciselée ; 400 g de tomates cerises ; 1 sachet de roquette.

- Dans un plat, mélangez la sauce soja, le sirop d'érable, le gingembre et la coriandre. Déposez-y les pavés de bœuf et retournez-les plusieurs fois pour bien les imbiber du mélange. Laissez reposer 1 heure au réfrigérateur.
- Étalez la roquette sur un plat, répartissez les tomates cerises coupées en deux.
- Chauffez une poêle antiadhésive et saisissez les pavés de bœuf 2 minutes de chaque côté (davantage si vous préférez une viande plus cuite). Ôtez de la poêle et coupez-les en lamelles. Répartissez sur la salade et servez aussitôt.

LE CONSEIL EN + POUR BIEN DIGÉRER

Le « tigre qui pleure » est une spécialité thaïlandaise, très parfumée grâce à l'utilisation d'herbes et d'épices. Vous pourrez aussi préparer cette salade en version « poulet », en utilisant 4 blancs de poulet sans peau.

SALADE DE CALAMARS AU PAMPLEMOUSSE

Détox, minceur

POUR 4 PERSONNES
PRÉPARATION : 10 MINUTES
CUISSON : 5 À 6 MINUTES

INGRÉDIENTS : 500 g d'anneaux de calamars surgelés ; 1 poignée de germes de soja ; 1 poignée de mélange de jeunes pousses de salade ; 1 pamplemousse rose ; 4 brins de persil plat ; 1 orange ; 2 c. à s. d'huile d'olive ; sel, poivre du moulin.

- Rincez et séchez délicatement les germes de soja et les jeunes pousses. Pelez le pamplemousse à vif, détachez les quartiers de leurs membranes (récupérez le jus). Pressez l'orange et fouettez son jus avec l'huile d'olive et un peu de sel.
- Faites cuire les calamars 5 à 6 minutes avec un fond d'eau, égouttez. Mélangez les germes de soja, les jeunes pousses, les quartiers de pamplemousse et les feuilles de persil dans un saladier. Ajoutez la vinaigrette à l'orange, les anneaux de calamars et donnez un tour de moulin à poivre.

LE CONSEIL EN + POUR BIEN DIGÉRER

Riche en vitamine C et en flavonoïdes, des antioxydants, le pamplemousse brille aussi par sa faible teneur calorique, et permet de donner une touche fruitée aux salades de crudités.

SALADE DE CREVETTES À L'ASIATIQUE

Minceur

POUR 4 PERSONNES
PRÉPARATION : 10 MINUTES
CUISSON : 10 MINUTES ENVIRON

INGRÉDIENTS : 300 g de vermicelles de riz ; 24 crevettes décortiquées ; 1 petite branche de céleri ; 1 barquette de tomates cerises ; 1 c. à c. de gingembre frais râpé ; 3 c. à s. d'huile de sésame ; 24 feuilles de basilic thaï ; 1 citron vert ; 2 c. à s. de coriandre ciselée ; sel.

- Faites cuire les vermicelles de riz selon les indications du paquet, à l'eau bouillante salée. Égouttez, passez sous un filet d'eau froide pour les refroidir et égouttez de nouveau.
- Piquez les crevettes par 2 ou 3 sur des piques en bois, en alternant avec des feuilles de basilic. Chauffez 2 c. à s. d'huile dans une poêle et chauffez-y les crevettes en les retournant plusieurs fois. Elles ne doivent pas dorer.
- Dans un saladier, mélangez les vermicelles, la branche de céleri finement émincée, les tomates cerises coupées en deux, le gingembre et l'huile de sésame restante. Ajoutez les brochettes de crevettes, la coriandre et arrosez de jus de citron vert.

→

LE CONSEIL EN + POUR BIEN DIGÉRER

Les vermicelles de riz sont naturellement sans gluten. À ne pas confondre avec les nouilles chinoises à base de blé, de couleur plus jaune. Pour une version très très light de cette recette, on peut remplacer les vermicelles par des shiratakis, des vermicelles à base de konjac (rayon diététique des grandes surfaces). Elles n'apportent que 6 calories aux 100 grammes !

SALADE DE DINDE ANTI-ÂGE

Super-antioxydante, bonne pour les yeux

POUR 4 PERSONNES
PRÉPARATION : 10 MINUTES
CUISSON : 10 À 15 MINUTES

INGRÉDIENTS : 400 g d'escalope de dinde ; 2 poignées de pousses d'épinards ; 1 c. à s. de pistaches décortiquées non salées ; ½ grenade ; 1 c. à s. de coriandre ciselée ; 2 c. à s. d'huile d'olive ; 1 citron ; 1 c. à c. rase de curcuma.

- Émincez la dinde en aiguillettes. Chauffez 1 c. à s. d'huile dans une poêle et faites revenir les aiguillettes 10 à 15 minutes environ, en les retournant régulièrement. Ôtez du feu, laissez refroidir.
- Détachez les grains de grenade de leur écorce et des membranes blanches qui les cloisonnent. Mettez-les dans un saladier avec les pousses d'épinards, les pistaches, la coriandre et la dinde.
- Fouettez le jus du citron avec l'huile restante et le curcuma (dosez selon vos goûts). Versez dans le saladier et mélangez délicatement.

LE CONSEIL EN + POUR BIEN DIGÉRER

La grenade se distingue par des teneurs records en antioxydants. Rouges et croquants, ses arilles (les grains) se mettent à toutes les sauces : dans des salades composées, des salades de fruits, sur du riz ou un poulet en sauce, comme le font les Iraniens... Profitez-en ! Quant au curcuma, il stimule le foie et favorise la production d'enzymes en charge de la détoxication.

SALADE DE MILLET AUX MOULES

Anticholestérol, riche en magnésium

POUR 4 PERSONNES
PRÉPARATION : 10 MINUTES
CUISSON : 20 MINUTES ENVIRON
RÉFRIGÉRATION : 2 HEURES

INGRÉDIENTS : 300 g de millet ; 300 g de moules décoquillées surgelées ; 1 poivron jaune ; 2 petites courgettes ; 2 tomates ; 1 c. à c. de cumin ; 1 citron ; 4 c. à s. d'huile d'olive ; sel, poivre.

- Versez le millet dans une grande casserole et chauffez-le 2 minutes à sec, en remuant, sans le laisser noircir. Hors du feu, ajoutez 2 fois son volume d'eau. Salez, couvrez et laissez cuire sur feu doux jusqu'à absorption complète de l'eau (20 minutes environ). Ôtez du feu, laissez gonfler 5 minutes puis découvrez et faites complètement refroidir.
- Pendant ce temps, faites cuire les moules 5 minutes à la casserole. Égouttez, laissez refroidir.
- Coupez le poivron en deux, ôtez la queue et les pépins. Détaillez les courgettes en tout petits dés. Coupez les tomates en quatre, ôtez les pépins et recoupez la chair en petits dés. Mettez les légumes dans un saladier avec le millet, le cumin, les moules, le jus du citron et l'huile. Salez, poivrez et mélangez. Laissez reposer 2 heures au réfrigérateur.

LE CONSEIL EN + POUR BIEN DIGÉRER

Sans gluten, le millet se distingue aussi par ses teneurs intéressantes en magnésium, qui participe au bon équilibre nerveux.

SALADE DE PÂTES AU THON ET AU CITRON

Rassasiante, conviviale

POUR 4 PERSONNES
PRÉPARATION : 10 MINUTES
CUISSON : 15 MINUTES ENVIRON

INGRÉDIENTS : 300 g de pâtes sans gluten ; 2 boîtes de thon au naturel (120 g environ chacune) ; 2 poignées de roquette ; 40 g de copeaux de parmesan ; 1 citron bio ; 1 c. à s. de câpres ; 2 c. à s. d'huile d'olive ; sel, poivre.

- Faites cuire les pâtes *al dente* selon les instructions sur le paquet, à l'eau bouillante salée. Égouttez, passez sous un filet d'eau froide pour les rafraîchir et égouttez de nouveau.
- Brossez le citron sous l'eau puis prélevez 2 bandes de zestes et émincez-les finement. Égouttez le thon et émiettez-le dans un saladier. Ajoutez le jus et les zestes de citron, l'huile d'olive et un peu de poivre. Incorporez les pâtes refroidies, les câpres, le parmesan, la roquette et mélangez délicatement.

LE CONSEIL EN + POUR BIEN DIGÉRER

Au rayon des pâtes sans gluten, on en trouve certaines réalisées à base de farine de riz complet uniquement, sans ajout d'autres farines ou de texturants. Cherchez-les !

SALADE VEGGIE AU QUINOA

Anticholestérol, végétarienne

POUR 4 PERSONNES
PRÉPARATION : 15 MINUTES
CUISSON : 10 MINUTES

INGRÉDIENTS : 300 g de quinoa ; 300 g de tofu ferme ; 1 botte de radis roses ; 3 tomates ; 4 c. à s. de persil ciselé ; 1 citron ; 1 c. à s. d'huile de noix ; sel.

- Plongez le quinoa dans 1,5 fois son volume d'eau légèrement salée. Portez à ébullition, baissez le feu et faites cuire 10 minutes. Ôtez du feu et laissez gonfler 5 minutes. Laissez refroidir.
- Coupez les tomates et les blocs de tofu en dés. Rincez les radis, ôtez la queue et les radicelles, puis coupez-les en rondelles. Pressez le citron, fouettez son jus avec l'huile de noix.
- Mélangez les tomates, le tofu, les rondelles de radis et la vinaigrette dans un saladier. Ajoutez le quinoa refroidi et le persil ciselé.

LE CONSEIL EN + POUR BIEN DIGÉRER

Les radis favorisent l'élimination des toxines par l'action de divers composés, dont les glucoraphasatines, qui stimulent l'activité d'enzymes responsables de la désintoxication. Hors saison, vous pouvez les remplacer par du radis noir râpé ou coupé en petits dés.

TARTINES FRAÎCHEUR DE SAUMON ET CONCOMBRE

Bonne humeur, reminéralisantes

POUR 4 PERSONNES
PRÉPARATION : 10 MINUTES
CUISSON : 3 MINUTES

INGRÉDIENTS : 4 grandes tranches de pain d'épeautre ; 200 g de saumon cuit et froid ; 1 concombre ; 1 petite poignée de jeunes pousses de salade ; 8 noix ; 1 c. à s. d'aneth ciselé ; 1 yaourt de soja ; 1 c. à c. de moutarde forte.

- Mélangez le yaourt avec la moutarde. Toastez les tranches de pain au grille-pain (ou 3 minutes sous le gril du four).
- Coupez le saumon en morceaux. Pelez le concombre, éliminez les pépins et coupez la chair en dés. Étalez un peu de sauce sur les tranches de pain et mélangez le reste avec le concombre, le saumon, les noix décortiquées et cassées en éclats et l'aneth. Répartissez les jeunes pousses sur le pain puis la préparation au saumon.

LE CONSEIL EN + POUR BIEN DIGÉRER

Pas de pain 100 % épeautre sous la main ? Remplacez-le par des tartines croquantes à la farine de riz ou de sarrasin, type Pain des fleurs. Et prévoyez-en alors deux au lieu d'une par personne.

TARTINES TEX-MEX AU POULET

Antioxydantes, rassasiantes

POUR 4 PERSONNES
PRÉPARATION : 10 MINUTES
CUISSON : 3 MINUTES

INGRÉDIENTS : 4 tranches de pain d'épeautre ; 1 gros avocat bien mûr ; 300 g de restes de poulet cuit ; ¼ d'ananas frais ; 2 c. à s. de coriandre ciselée ; 1 citron ; sel, poivre.

- Toastez les tranches de pain au grille-pain (ou 3 minutes sous le gril du four). Émiettez le poulet en lanières. Taillez l'ananas en dés.
- Dénoyautez l'avocat, récupérez la chair et écrasez-la à la fourchette avec le jus du citron, du sel et du poivre, de façon à obtenir une purée onctueuse.
- Étalez la purée d'avocat en fine couche sur les tranches de pain puis répartissez le poulet et les dés d'ananas. Parsemez de coriandre.

LE CONSEIL EN + POUR BIEN DIGÉRER

Choisissez bien de l'ananas frais et non de l'ananas en boîte, qui trempe forcément dans un sirop à base de sucre.

Légumes très très bons

FAGOTS DE CAROTTES ET DE HARICOTS VERTS

Bons pour le transit, belle peau

POUR 4 PERSONNES
PRÉPARATION : 10 MINUTES
CUISSON : 15 MINUTES

INGRÉDIENTS : 200 g de haricots verts frais ou surgelés ; 2 belles carottes ; 8 tranches fines de poitrine fumée dégraissée ; 1 c. à s. d'huile d'olive.

- Pelez les carottes et coupez-les en bâtonnets de la taille de frites. Équeutez les haricots verts (s'ils sont frais) et faites-les cuire à la vapeur ainsi que les carottes, 10 minutes environ, de façon à ce qu'ils restent fermes. Laissez refroidir 5 minutes.
- Réunissez des bâtonnets de carottes et des haricots verts et formez 8 petits fagots. Enroulez chacun d'eux dans une tranche de poitrine.
- Chauffez l'huile dans une poêle et faites-y revenir les fagots de façon à ce que la poitrine fumée soit dorée.

LE CONSEIL EN + POUR BIEN DIGÉRER

Pour une version super-light, vous pouvez remplacer la poitrine fumée par des tranches de filet de bacon (coupées en deux dans la longueur si elles sont trop larges).

FENOUIL BRAISÉ À LA BADIANE

Antiballonnements

POUR 4 PERSONNES
PRÉPARATION : 10 MINUTES
CUISSON : 35 MINUTES

INGRÉDIENTS : 2 beaux bulbes de fenouil ; 2 c. à s. d'huile d'olive ; 2 oranges ; 4 étoiles de badiane ; sel, poivre.

- Rincez les bulbes de fenouil, ôtez les tiges vertes et les pluches, et coupez-les en deux verticalement puis encore en deux. Pressez les oranges.
- Chauffez l'huile dans une cocotte, déposez les quarts de fenouils, côté coupé vers le bas. Salez, poivrez et faites dorer 5 minutes environ. Quand ils commencent à colorer, ajoutez les étoiles de badiane et le jus des oranges. Couvrez, baissez le feu et laissez mijoter 25 minutes en retournant les bulbes de temps en temps.
- En fin de cuisson, ôtez le couvercle de façon à faire évaporer l'eau et à caraméliser légèrement les fenouils.

LE CONSEIL EN + POUR BIEN DIGÉRER

Vous pouvez remplacer les étoiles de badiane par 2 c. à c. de graines d'anis vert. Ces fenouils fondants et légèrement caramélisés seront délicieux avec un poisson ou une volaille, mais ils peuvent aussi être servis bien frais, en entrée.

FLANS DE CAROTTES AU CARVI

Bonne mine, antiballonnements

POUR 4 PERSONNES
PRÉPARATION : 10 MINUTES
CUISSON : 35 À 40 MINUTES

INGRÉDIENTS : 300 g de carottes épluchées ; 2 œufs ; 1 c. à s. de Maïzena ; 10 cl de crème de soja ; 1 c. à c. de graines de carvi ; sel, poivre.

- Coupez les carottes en rondelles et faites-les cuire 15 minutes à l'eau bouillante salée : elles doivent être bien tendres. Égouttez-les et mixez-les finement. Mettez la purée obtenue dans un saladier.
- Préchauffez le four à 180 °C (th. 6). Délayez la Maïzena dans la crème de soja puis ajoutez les œufs et la purée de carottes. Battez bien le tout.
- Répartissez dans des ramequins supportant la chaleur et disposez-les dans un plat à four rempli d'eau chaude à moitié. Enfournez pour 20 à 25 minutes de cuisson.
- Retirez les ramequins avec précaution (attention à ne pas vous brûler) et dégustez chaud ou froid.

LE CONSEIL EN + POUR BIEN DIGÉRER

Les recettes de flan font souvent appel à de la farine de blé pour leur donner la texture attendue et de la tenue. Remplacez-la par de la Maïzena (fécule de maïs) ou de la fécule de pomme de terre : zéro Fodmaps !

FLANS DE COURGETTES AU THYM

Minceur, amis du foie

POUR 8 RAMEQUINS
PRÉPARATION : 10 MINUTES
CUISSON : 15 + 20 MINUTES

INGRÉDIENTS : 3 courgettes ; 6 œufs ; 1 yaourt de soja ; 1 c. à s. bombée de son d'avoine ; 1 c. à c. de thym ; 1 c. à s. d'huile d'olive ; sel, poivre.

- Éliminez les extrémités des courgettes, coupez-les en rondelles ou en cubes. Chauffez l'huile dans une poêle antiadhésive, ajoutez les courgettes, le thym, du sel et du poivre. Faites cuire 15 minutes en remuant régulièrement.
- Préchauffez le four à 210 °C (th. 7). Dans un saladier, battez les œufs avec le yaourt de soja et le son d'avoine. Ajoutez les courgettes, mélangez, puis répartissez le tout dans des ramequins en silicone (ou dans une terrine). Faites cuire 20 minutes (30 à 40 minutes pour une terrine). Testez la cuisson en enfonçant la pointe d'un couteau : elle doit ressortir propre.
- Laissez tiédir quelques instants avant de démouler.

LE CONSEIL EN + POUR BIEN DIGÉRER

Servez ces mini-flans très frais, avec un coulis de tomate. Selon vos goûts, vous pouvez remplacer le thym par du curry, du cumin…

GALETTES DE FLOCONS D'AVOINE

Coupe-faim, anticholestérol

POUR 4 À 6 GALETTES
PRÉPARATION : 10 MINUTES
REPOS : 15 MINUTES
CUISSON : 20 MINUTES ENVIRON

INGRÉDIENTS : 160 g de flocons d'avoine ; 2 œufs ; 4 c. à s. de crème de soja ; ½ courgette ; ½ carotte ; 1 c. à c. rase de curcuma ; sel, poivre ; huile pour la poêle

- Râpez la courgette et la carotte pelées et épongez-les dans du papier absorbant pour absorber une partie de l'eau. Chauffez l'huile dans une poêle et faites revenir les légumes avec le curcuma, 5 minutes environ, en remuant.
- Battez les œufs avec la crème, ajoutez les flocons et les légumes, salez, poivrez. Mélangez et laissez gonfler 15 minutes environ.
- Huilez une poêle à blinis et faites cuire les galettes jusqu'à ce qu'elles soient dorées des deux côtés.

LE CONSEIL EN + POUR BIEN DIGÉRER

Vous pouvez remplacer les flocons d'avoine par des flocons d'épeautre ou de riz. Et vous pouvez bien sûr remplacer le curcuma par d'autres épices : curry, cumin ou paprika en tête.

GRATIN DE POTIRON

Antioxydant, belle peau

POUR 4 PERSONNES
PRÉPARATION : 10 MINUTES
CUISSON : 25 À 30 MINUTES

INGRÉDIENTS : 1 kg environ de potiron ; 50 cl de lait végétal au choix (soja, amande, riz…) ; 50 g de Maïzena ; 50 g de parmesan ; 2 c. à c. de thym ; sel, poivre.

- Éliminez la peau et les pépins du potiron, coupez la chair en petits cubes et faites-les cuire 15 minutes à la vapeur.
- Pendant ce temps, délayez la Maïzena avec un peu de lait dans une casserole de façon à obtenir une pâte fluide. Versez le reste de lait tout en remuant vivement avec un fouet et portez à frémissements, sans cesser de fouetter. Ôtez du feu quand la sauce a épaissi. Salez, poivrez.
- Préchauffez le four à 180 °C (th. 6). Disposez les morceaux de potiron dans un plat à four, nappez de sauce, puis répartissez le parmesan et le thym.
- Enfournez et faites gratiner 20 minutes.

LE CONSEIL EN + POUR BIEN DIGÉRER

Pour préparer une béchamel, il faut de la farine et du beurre. Ici, on adopte une version végétale, liée à la fécule de maïs. Si vous aimez, vous pouvez la parfumer avec de la muscade râpée.

Mes viandes saines et savoureuses

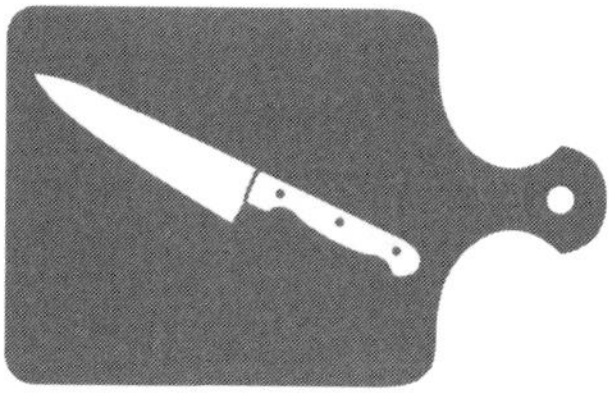

ASSIETTE FROIDE AU CARPACCIO DE BŒUF

Rassasiante, antifatigue

POUR 4 PERSONNES
PRÉPARATION : 10 MINUTES
CUISSON : 20 MINUTES

INGRÉDIENTS : 800 g de pommes de terre « spécial vapeur » ; 400 g de carpaccio de bœuf (chez votre boucher) ; 2 c. à s. de pignons ; 3 brins de basilic ; quelques fins copeaux de parmesan ; huile d'olive ; sel, poivre.

- Faites cuire les pommes de terre entières, dans leur peau, 20 minutes à la vapeur. Laissez refroidir et pelez-les. Coupez-les en rondelles et rangez-les dans un plat. Ciselez le basilic.
- Répartissez les tranches de carpaccio sur les pommes de terre, ajoutez les pignons, le basilic, quelques copeaux de parmesan, un peu de sel et de poivre, et un trait d'huile d'olive.
- Servez aussitôt.

LE CONSEIL EN + POUR BIEN DIGÉRER

Grâce à son affinage, le parmesan ne contient plus de lactose, ou alors à l'état de traces. Il peut donc être consommé dans le cadre d'un régime « sans Fodmaps ». En revanche, on évite absolument les fromages frais !

BOULETTES AU THYM ET À LA TOMATE

Antifatigue

POUR 4 PERSONNES
PRÉPARATION : 10 MINUTES
CUISSON : 10 MINUTES

INGRÉDIENTS : 300 g de steak haché à 5 % de MG ; 300 g de gigot d'agneau ; 2 c. à s. d'huile d'olive ; 1 c. à c. de thym ; 4 tomates séchées ; sel, poivre.

- Coupez le gigot en cubes, retirez le gras visible et hachez les cubes au mixeur avec les tomates séchées. Mélangez avec le bœuf haché, un peu de thym, du sel et du poivre.
- Formez des boulettes de la taille de grosses noix. Chauffez l'huile dans une poêle et faites-les cuire une dizaine de minutes en les retournant, jusqu'à ce qu'elles soient dorées.

LE CONSEIL EN + POUR BIEN DIGÉRER

Ces boulettes parfumées sont délicieuses avec du riz basmati et un coulis de tomate, ou avec une salade verte et une sauce à base de yaourt au soja fouetté avec des herbes fraîches.

BOULETTES DE POULET AU QUINOA

Antidiabète, rassasiantes

POUR 4 PERSONNES
PRÉPARATION : 10 MINUTES
CUISSON : 30 MINUTES

INGRÉDIENTS : 500 g de blancs de poulet ; 1 c. à c. de cumin ; 1 c. à c. de paprika ; 1 c. à c. de ras-el-hanout ; 1 c. à s. de persil ciselé ; 1 c. à s. de coriandre ciselée ; 1 boîte de tomates pelées concassées (400 g) ; 2 c. à s. d'huile d'olive ; 250 g de quinoa ; sel, poivre.

- Coupez les blancs de poulet en cubes et mixez-les avec le cumin, le ras-el-hanout, le persil, la coriandre, un peu de sel et de poivre. Formez des boulettes.
- Chauffez l'huile dans une poêle et faites dorer les boulettes, 10 minutes environ. Ajoutez les tomates et le paprika. Salez et poivrez légèrement. Laissez mijoter 20 minutes environ sur feu doux.
- Pendant ce temps, faites cuire le quinoa dans 1,5 fois son volume d'eau salée pendant 10 minutes. Ôtez du feu et laissez reposer 5 minutes. Servez avec les boulettes et leur sauce.

LE CONSEIL EN + POUR BIEN DIGÉRER

On ajoute souvent de l'ail ou de l'oignon lorsqu'on prépare une sauce tomate. Mais ils posent souci à cause de leurs Fodmaps. Préférez des épices !

CÔTE DE BŒUF GRILLÉE AUX TOMATES RÔTIES

Antifatigue

POUR 4 PERSONNES
PRÉPARATION : 15 MINUTES
CUISSON : 30 MINUTES
ATTENTE : 1 HEURE

INGRÉDIENTS : 1 côte de bœuf de 1 kg (250 g par personne) ; 4 c. à s. de moutarde ; 4 c. à s. d'huile d'olive ; 4 grappes de tomates cocktail.

- Mélangez la moutarde et l'huile d'olive. Enduisez la côte de bœuf de cette préparation des 2 côtés. Laissez reposer 1 heure au réfrigérateur.
- Préchauffez le four à 200 °C (th. 6-7), position gril. Rincez et séchez les grappes de tomates, déposez-les dans un plat. Mettez la côte dans un autre plat et enfournez les deux plats (vous pouvez mettre les tomates sous le plat de la viande). Faites cuire la côte de bœuf 15 minutes d'un côté. Retournez, faites cuire encore 15 minutes. (Adaptez le temps de cuisson à la viande souhaitée : saignante, à point…)
- Servez aussitôt, avec les tomates rôties.

→

LE CONSEIL EN + POUR BIEN DIGÉRER

Les tomates font partie des légumes autorisés dans le cadre du régime pauvre en Fodmaps. En revanche, vous pouvez avoir du mal à tolérer leur peau et leurs pépins. Dans ce cas, prenez de grosses tomates (plus facile à peler), faites-les rôtir et ôtez la peau et les pépins dans votre assiette.

COUSCOUS DE DINDE AU MILLET

Anticholestérol, coupe-faim

POUR 4 PERSONNES
PRÉPARATION : 10 MINUTES
CUISSON : 1 H 5

INGRÉDIENTS : 600 g de sauté de dinde en cubes ; 2 c. à s. d'huile d'olive ; 1 c. à c. de paprika ; 4 navets ; 4 carottes ; 300 g de millet ; persil ciselé ; sel, poivre.

- Chauffez l'huile dans une cocotte et faites dorer le sauté de dinde pendant 5 minutes. Ajoutez le paprika, un peu de sel et de poivre, et couvrez d'eau à hauteur. Laissez cuire 45 minutes.
- Épluchez les navets et les carottes, coupez-les en morceaux. Ajoutez-les dans la cocotte et faites mijoter encore 15 minutes.
- Pendant ce temps, faites cuire 300 g de millet à l'eau bouillante salée selon les indications de l'emballage. Égouttez. Présentez-le en dôme, entourez des légumes et de la viande, parsemez de persil. Servez le bouillon à part.

LE CONSEIL EN + POUR BIEN DIGÉRER

Vous pouvez donner de l'épaisseur au bouillon en ajoutant un peu de coulis de tomate nature.

CROQUETTES DE POULET

« Spécial enfants », riches en protéines

POUR 4 PERSONNES
PRÉPARATION : 10 MINUTES
CUISSON : 10 MINUTES PAR FOURNÉE

INGRÉDIENTS : 600 g de blancs de poulet ; 1 œuf ; 2 c. à s. bombées de son d'avoine ; 2 c. à s. d'huile d'olive ; feuilles de basilic fraîches ; sel, poivre.

- Coupez les blancs de poulet en morceaux et mettez-les dans le bol d'un mixeur avec l'œuf, le basilic, un peu de sel et de poivre. Mixez finement et formez des galettes. Passez-les dans le son d'avoine.
- Chauffez l'huile dans une poêle antiadhésive et faites cuire les croquettes 5 minutes environ de chaque côté. Procédez en plusieurs fois.

LE CONSEIL EN + POUR BIEN DIGÉRER

Une recette idéale pour le mercredi, si vous partagez votre repas sans Fodmaps avec des enfants qui rêvent de poulet pané. Vous pouvez servir ces croquettes avec un coulis de tomate ou avec une sauce réalisée avec du yaourt au soja fouetté avec des herbes et du jus de citron.

FILET MIGNON À LA PURÉE DE CAROTTES

Antifatigue, bonne mine

POUR 4 PERSONNES
PRÉPARATION : 20 MINUTES
CUISSON : 25 À 30 MINUTES

INGRÉDIENTS : 1 kg de carottes ; 1 filet mignon de porc ; 4 c. à s. de moutarde forte ; 2 verres de vin blanc sec ; 5 c. à s. d'huile d'olive ; 1 c. à c. de cumin en poudre ; sel, poivre.

- Enduisez le filet mignon de moutarde. Chauffez 2 c. à s. d'huile dans une cocotte, faites-y dorer le filet sur toutes les faces. Ajoutez le vin blanc, couvrez et laissez mijoter sur feu doux 25 à 30 minutes.
- Pendant ce temps, épluchez les carottes, coupez-les en rondelles et faites-les cuire 15 minutes à la vapeur. Écrasez-les à l'aide d'un presse-purée ou d'une fourchette en ajoutant le cumin, le restant d'huile d'olive, du sel et du poivre. Présentez le filet mignon tranché sur la purée de carottes et servez aussitôt.

LE CONSEIL EN + POUR BIEN DIGÉRER

Les carottes cuites sont les amies des intestins sensibles. Et si, en plus, vous leur ajoutez du cumin, c'est tout bonus : celui-ci lutte très efficacement contre les flatulences.

GRATIN D'AGNEAU À L'ORIENTALE

Antifatigue, rassasiant

POUR 4 PERSONNES
PRÉPARATION : 15 MINUTES
CUISSON : 40 MINUTES

INGRÉDIENTS : 400 g de gigot d'agneau ; 4 courgettes ; 4 tomates ; 2 c. à s. d'huile d'olive ; 30 cl de lait végétal (amande, soja, riz…) ; 30 g de Maïzena ; 1 c. à c. de cumin ; 1 c. à c. de curcuma ; sel, poivre.

- Délayez la Maïzena avec un peu de lait dans une casserole de façon à obtenir une pâte fluide. Versez le reste de lait tout en remuant vivement avec un fouet et portez à frémissements, sans cesser de fouetter. Ôtez du feu quand la sauce a épaissi. Salez, poivrez.
- Préchauffez le four à 180 °C (th. 6). Éliminez la graisse visible de la viande puis hachez-la. Coupez les courgettes en cubes et les tomates en quartiers. Chauffez l'huile dans une poêle, faites revenir la viande hachée en l'émiettant à l'aide d'une fourchette. Ajoutez le cumin et le curcuma, laissez cuire 5 minutes puis incorporez les tomates et les courgettes. Faites cuire encore 10 minutes puis ajoutez la béchamel.
- Versez dans un plat à four et faites gratiner 20 minutes.

LE CONSEIL EN + POUR BIEN DIGÉRER

Vous pouvez ajouter un peu de parmesan ou de fromage à pâte dure râpé, où le lactose ne subsiste qu'à l'état de traces.

MARMITE DE POULET AUX PATATES DOUCES

Anticholestérol, antioxydante

POUR 6 PERSONNES
PRÉPARATION : 10 MINUTES
CUISSON : 50 MINUTES

INGRÉDIENTS : 1 poulet coupé en morceaux ; 3 patates douces ; ½ c. à c. rase de gingembre ; 1 bâton de cannelle ; 1 citron confit (au sel) ; 2 c. à s. d'huile d'olive ; 100 g d'amandes entières, mondées ; sel, poivre.

- Pelez les patates douces et coupez-les en morceaux. Chauffez l'huile dans une cocotte et faites-y revenir les morceaux de poulet de tous les côtés. Quand ils sont dorés, ôtez-les de la cocotte, jetez la graisse de cuisson et ajoutez le citron coupé en petits dés, la cannelle et le gingembre. Remettez les morceaux de poulet, ajoutez les patates douces et les amandes, couvrez d'eau à hauteur. Salez, poivrez.
- Baissez le feu, couvrez et faites mijoter 45 minutes.

LE CONSEIL EN + POUR BIEN DIGÉRER

Les patates douces offrent l'avantage d'un index glycémique plus bas que celui des pommes de terre, d'où une meilleure satiété. De leur côté, les amandes sont riches en fibres et le poulet, en protéines. Merci de laisser la peau sur le côté de l'assiette.

PAUPIETTES DE VEAU AU CUMIN ET AUX CAROTTES

Conviviales, bonne mine

POUR 4 PERSONNES
PRÉPARATION : 20 MINUTES
CUISSON : 1 HEURE

INGRÉDIENTS : 800 g de carottes ; 4 escalopes de veau ; 200 g de bœuf haché ; 100 g de veau haché ; 100 g de riz cuit et froid ; 1 œuf ; 2 c. à s. de basilic ciselé ; 2 c. à c. de graines de cumin ; sel, poivre.

- Pelez les carottes et coupez-les en fines rondelles. Dans un saladier, mélangez les viandes hachées, le riz cuit, l'œuf, le basilic, un peu de sel et de poivre. Répartissez cette farce sur les escalopes et roulez-les en rabattant les côtés pour les refermer. Ficelez-les avec du fil alimentaire pour que la farce ne s'échappe pas.
- Chauffez 2 c. à s. d'huile d'olive dans une cocotte et faites dorer les paupiettes de tous les côtés.
- Ajoutez les carottes, le cumin et 2 verres d'eau. Couvrez, et laissez mijoter 1 heure.

LE CONSEIL EN + POUR BIEN DIGÉRER

On ajoute souvent de la mie de pain trempée dans du lait pour donner du moelleux aux farces. Ici, le moelleux est apporté par le riz et l'œuf. Pour une farce bien tendre, évitez le riz complet ou le riz long grain, et préférez un riz un peu trop cuit et un peu collant.

PORC AUX POUSSES DE BAMBOU

Rassasiant

POUR 4 PERSONNES
PRÉPARATION : 20 MINUTES
CUISSON : 20 MINUTES
REPOS : 10 MINUTES

INGRÉDIENTS : 400 g de filet mignon de porc ; 2 carottes ; 1 poivron rouge ; 1 petite boîte de pousses de bambou ; 3 c. à s. d'huile d'olive ; 1 citron ; 2 c. à s. de sauce soja naturellement fermentée ; 250 g de riz basmati ; sel.

- Coupez le filet mignon en lanières et mettez-les dans un plat creux. Versez la sauce soja et le jus du citron, mélangez et laissez mariner 10 minutes.
- Rincez le poivron, coupez-le en deux, ôtez les pépins et détaillez-le en dés. Pelez les carottes et coupez-les en rondelles. Égouttez et rincez les pousses de bambou.
- Chauffez l'huile dans une grande sauteuse ou un wok. Faites revenir les carottes quelques minutes à feu vif, en remuant. Ajoutez les pousses de bambou, le poivron et les lanières de filet mignon. Faites cuire 5 minutes en remuant, puis versez la marinade. Laissez mijoter.
- Faites cuire le riz à l'eau bouillante salée, jusqu'à ce qu'il soit bien tendre. Égouttez et servez avec le porc mijoté.

→

LE CONSEIL EN + POUR BIEN DIGÉRER

Choisissez bien de la sauce soja (et seulement de soja) naturellement fermentée (c'est marqué sur l'étiquette), qui ne contient ni blé, ni sucre ni additifs.

On conseille d'habitude de cuire le riz *al dente*. Mais si vous avez des soucis digestifs, mieux vaudra le cuire un peu plus : il sera mieux toléré.

Enfin, ne remplacez pas le poivron rouge par un vert : le premier est bien digéré, le second, non. Question de maturité.

RIZ AU POULET ET AU CURCUMA

Anticholestérol, anti-inflammatoire

POUR 4 PERSONNES
PRÉPARATION : 10 MINUTES
CUISSON : 25 MINUTES

INGRÉDIENTS : 200 g de riz basmati ; 30 cl d'eau ; 4 c. à s. d'huile d'olive ; 3 gros blancs de poulet ; 1 boîte de tomates concassées (800 g) ; 2 carottes ; 1 c. à s. de curcuma ; 1 c. à c. de coriandre en poudre ; sel, poivre.

- Chauffez la moitié de l'huile d'olive dans une casserole sur feu moyen. Ajoutez le riz, le curcuma et mélangez quelques minutes, le temps que le riz devienne transparent. Versez l'eau et salez légèrement. Portez à ébullition, baissez le feu et laissez cuire 20 minutes environ, jusqu'à absorption complète de l'eau.
- Pendant ce temps, pelez les carottes et coupez-les en bâtonnets. Taillez les blancs de poulet en cubes. Chauffez le reste d'huile dans une poêle et faites dorer le poulet et les bâtonnets de carottes. Salez, poivrez, ajoutez la coriandre en poudre, les tomates concassées et laissez mijoter 15 minutes environ, jusqu'à ce que la sauce ait réduit. Servez le poulet et sa sauce avec le riz au curcuma.

LE CONSEIL EN + POUR BIEN DIGÉRER

Le riz fait partie des céréales bien tolérées dans le cadre d'un régime pauvre en Fodmaps. Vous pouvez le remplacer par du quinoa.

RIZ SAUTÉ À LA DINDE ET À L'ESTRAGON

Ventre plat, antidiabète

POUR 4 PERSONNES
PRÉPARATION : 10 MINUTES
CUISSON : 20 À 30 MINUTES

INGRÉDIENTS : 300 g de riz basmati ; 400 g d'escalope de dinde ; 2 carottes ; 10 cl de crème de soja cuisine ; 2 c. à s. d'huile d'olive ; 2 c. à s. d'estragon ciselé ; sel, poivre.

- Faites cuire le riz à l'eau bouillante salée, jusqu'à ce qu'il soit bien tendre.
- Pendant ce temps, coupez l'escalope de dinde en aiguillettes. Pelez les carottes et coupez-les en rondelles.
- Chauffez l'huile dans une poêle, faites dorer les aiguillettes de dinde 10 minutes environ sur feu vif. Salez, poivrez. Ôtez de la poêle et remplacez les aiguillettes par les carottes. Laissez revenir 5 minutes puis versez la crème. Laissez cuire encore 10 minutes en remuant.
- Quand le riz est cuit, égouttez-le. Servez aussitôt avec les légumes, les aiguillettes et parsemez d'estragon.

LE CONSEIL EN + POUR BIEN DIGÉRER

La crème de soja cuisine est dépourvue de lactose. Vous pouvez la remplacer par de la crème d'amande (magasins bio), au goût très doux.

TAJINE D'AGNEAU À L'ORANGE

Tonus, antioxydant

POUR 4 PERSONNES
PRÉPARATION : 15 MINUTES
CUISSON : 1 H 15

INGRÉDIENTS : 600 g de collier d'agneau ; 500 g de pommes de terre ; 1 orange bio ; ½ c. à c. de gingembre ; ½ c. à c. de curcuma ; 2 c. à s. d'huile d'olive ; 2 c. à s. de persil ciselé ; sel, poivre.

- Brossez l'orange sous l'eau chaude. Séchez-la bien et détaillez-la en tranches.
- Coupez la viande en cubes. Chauffez l'huile dans une cocotte ou un plat à tajine, faites-y revenir la viande de tous les côtés pendant 5 minutes. Ajoutez le curcuma, le gingembre, du sel et du poivre.
- Laissez revenir 10 minutes puis versez de l'eau de façon à recouvrir la viande. Faites cuire 40 minutes, ajoutez les pommes de terre pelées et coupées en rondelles, les tranches d'orange, et faites cuire encore 20 minutes. Parsemez de persil au moment de servir.

LE CONSEIL EN + POUR BIEN DIGÉRER

Les tajines se servent souvent avec des galettes de blé ou de la semoule. Dans le cadre d'un régime pauvre en Fodmaps, accompagnez de millet : ses minuscules grains ronds remplaceront volontiers la semoule !

TAJINE DE VEAU AU POTIRON

Tonus, bonne mine

POUR 4 PERSONNES
PRÉPARATION : 15 MINUTES
CUISSON : 1 H 25

INGRÉDIENTS : 800 g de jarret de veau ; 800 g de potiron ; 1 c. à c. de cannelle ; 1 c. à c. de gingembre en poudre ; 2 c. à c. de cumin ; 2 c. à s. de coriandre ciselée ; 2 c. à s. d'huile d'olive ; 1 citron bio ; sel, poivre.

- Prélevez trois bandes de zeste sur le citron. Plongez-les dans une petite casserole d'eau bouillante pendant 30 secondes, égouttez, recommencez l'opération avec une eau propre puis égouttez à nouveau. Coupez-les en fines lanières.
- Détaillez la viande en morceaux. Chauffez l'huile dans une cocotte ou un plat à tajine, faites-y revenir les cubes de viande de tous les côtés. Quand ils sont dorés, saupoudrez les épices, ajoutez le jus du citron et les zestes, et couvrez d'eau à hauteur.
- Couvrez, baissez le feu et faites cuire 1 heure environ. Ajoutez le potiron coupé en cubes, et poursuivez la cuisson 20 minutes.
- Servez parsemé de coriandre.

LE CONSEIL EN + POUR BIEN DIGÉRER

Le potiron et les autres courges (potimarron, Butternut…) se digèrent facilement. Vous pouvez aussi le remplacer par des carottes.

TARTARE DE BŒUF À L'ITALIENNE

Antifatigue

POUR 4 PERSONNES
PRÉPARATION : 5 MINUTES
SANS CUISSON

INGRÉDIENTS : 600 g de viande de bœuf haché pour tartare ; 4 pétales de tomates séchées ; 1 c. à s. de basilic ciselé ; 2 c. à s. de copeaux de parmesan ; sel, poivre 5 baies.

- Coupez les tomates en tout petits dés. Dans un saladier, mélangez la viande, les tomates taillées en dés, les copeaux de parmesan, le basilic, un peu de sel et de poivre.
- Présentez en forme de dôme sur les assiettes et servez aussitôt.

LE CONSEIL EN + POUR BIEN DIGÉRER

Servez ces tartares avec de la salade verte et ou une salade de pommes de terre. Dans tous les cas, on n'ajoute ni oignon ni échalote, à cause des Fodmaps.

Mes petits poissons ventre plat

BROCHETTES DE THON À LA PROVENÇALE

Antioxydantes, super-rassasiantes

POUR 4 PERSONNES
PRÉPARATION : 15 MINUTES
CUISSON : 25 MINUTES ENVIRON

INGRÉDIENTS : 600 g de thon ; 1 poivron rouge ; 1 poivron jaune ; 4 c. à s. d'huile d'olive ; 2 c. à s. de persil ciselé ; sel, poivre.

- Coupez le thon en cubes et piquez-les sur 4 piques à brochettes. Badigeonnez-les avec 2 c. à s. d'huile d'olive, salez et poivrez.
- Coupez les poivrons en deux, ôtez les pépins et taillez la chair en petits dés. Chauffez le reste d'huile dans une sauteuse et faites fondre les poivrons sur feu doux, jusqu'à ce qu'ils soient tendres et qu'ils aient rendu leur jus, 20 minutes environ. Salez, poivrez.
- Chauffez une grande poêle et faites cuire les brochettes 2 à 3 minutes en les retournant (le cœur doit rester rosé).
- Servez avec la fondue de poivrons et parsemez de persil.

LE CONSEIL EN + POUR BIEN DIGÉRER

N'oubliez pas de peler les poivrons si vous avez du mal à les digérer avec leur peau.

CABILLAUD À LA SALSA DE TOMATES

Super-antioxydant, minceur

POUR 4 PERSONNES
PRÉPARATION : 10 MINUTES
CUISSON : 10 À 12 MINUTES

INGRÉDIENTS : 600 g de filets de cabillaud ; 6 tomates ; 1 citron ; 1 c. à s. d'huile d'olive ; 2 c. à s. de persil ciselé ; sel, poivre.

- Rincez les tomates, coupez-les en quartiers, ôtez les pépins et coupez la chair en dés. Mettez-les dans un saladier, ajoutez le jus du citron, le persil ciselé, l'huile d'olive, du sel et du poivre.
- Faites cuire les filets de cabillaud 10 à 12 minutes à la vapeur selon leur épaisseur. Servez aussitôt avec la concassée de tomates.

LE CONSEIL EN + POUR BIEN DIGÉRER

Ce cabillaud en sauce fraîche et acidulée sera parfait accompagné d'un riz basmati ou de quinoa. Pour lui donner encore plus de peps, remplacez le citron jaune par un vert, et ajoutez quelques pincées de piment d'Espelette.

CRUEVETTES À L'ANANAS

Anticholestérol, antioxydantes

POUR 4 PERSONNES
PRÉPARATION : 15 MINUTES
CUISSON : 20 MINUTES

INGRÉDIENTS : 500 g de queues de crevettes décortiquées, surgelées ; ¼ d'ananas frais ; 3 c. à s. d'huile d'olive ; 1 c. à c. bombée de poudre de curry ; 250 g de riz basmati ; 2 c. à s. de coriandre ciselée ; sel.

- Ôtez l'écorce de l'ananas ainsi que le cœur dur. Coupez la chair en morceaux. Chauffez l'huile dans une sauteuse et faites revenir les crevettes, encore surgelées. Quand l'eau est évaporée, ajoutez l'ananas et le curry. Mélangez et laissez mijoter à couvert jusqu'à ce que l'ananas soit tendre.
- Faites cuire le riz à l'eau bouillante salée, jusqu'à ce qu'il soit bien tendre. Égouttez, servez avec les crevettes et parsemez de coriandre.

LE CONSEIL EN + POUR BIEN DIGÉRER

Composé de diverses épices, notamment de curcuma et de cumin, le curry favorise la digestion. Choisissez-le pas trop piquant pour éviter d'irriter l'estomac.
Préférez l'ananas frais : l'ananas en boîte baigne dans du sucre.

CREVETTES GRILLÉES AUX ÉPICES

Tonus

POUR 4 PERSONNES
PRÉPARATION : 10 MINUTES
CUISSON : 15 À 20 MINUTES

INGRÉDIENTS : 20 crevettes entières (fraîches ou surgelées) ; 300 g de riz basmati ; 2 tomates ; 4 c. à s. de persil ciselé ; 2 c. à s. d'huile d'olive ; ½ c. à c. de cumin en poudre ; 1 c. à c. de gingembre frais râpé ; poivre.

- Faites cuire le riz 15 à 20 minutes environ à l'eau bouillante salée jusqu'à ce qu'il soit bien tendre. Pendant ce temps, coupez les tomates en dés.
- Chauffez l'huile dans une poêle et saisissez les crevettes 2 minutes de chaque côté. Parsemez de gingembre, poivrez. Laissez cuire 3 minutes.
- Égouttez le riz, ajoutez-le dans la poêle ainsi que les tomates, le persil et le cumin. Servez aussitôt.

LE CONSEIL EN + POUR BIEN DIGÉRER

Pas besoin de saler : le cumin se charge de relever la recette et d'apporter la saveur. Quant au gingembre, anti-inflammatoire et antioxydant, il aide aussi à la digestion en stimulant le foie.

DARNES DE SAUMON À LA MOUTARDE

Protection cardiaque

POUR 4 PERSONNES
PRÉPARATION : 5 MINUTES
CUISSON : 15 MINUTES

INGRÉDIENTS : 4 darnes de saumon ; 2 c. à s. de moutarde forte ; 20 cl de crème de soja ; ½ citron ; sel, poivre.

- Mélangez la moutarde avec la crème de soja et le jus du demi-citron. Salez légèrement, poivrez.
- Chauffez une poêle antiadhésive légèrement huilée et faites cuire les darnes 5 minutes de chaque côté. Versez la sauce et chauffez 2 à 3 minutes. Servez aussitôt.

LE CONSEIL EN + POUR BIEN DIGÉRER

Pas de crème fraîche ou liquide dans cette recette, mais de la crème de soja. Vous pouvez la remplacer, si vous le souhaitez, par de la crème d'amande ou de riz « spécial cuisine » (rayons diététiques et bio des grandes surfaces).
Accompagnez ces darnes de riz basmati ou de quinoa.

GALETTES BRETONNES AUX FRUITS DE MER

Antidiabète, anticholestérol

POUR 4 PERSONNES
PRÉPARATION : 15 MINUTES
CUISSON : 10 MINUTES

INGRÉDIENTS : 4 galettes de sarrasin ; 500 g de mélange de fruits de mer surgelés (moules, crevettes, calamars, pétoncles…) ; 20 cl de crème de soja ; 1 citron ; huile d'olive ; sel, poivre.

- Mettez les fruits de mer dans une casserole et faites-les décongeler sur feu doux. Jetez l'eau rendue et ajoutez la crème de soja. Salez légèrement et poivrez.
- Préchauffez le four à 180 °C (th. 6).
- Étalez une galette de sarrasin dans une poêle légèrement huilée et réchauffez-la quelques instants. Ajoutez le quart de la préparation aux fruits de mer et repliez les bords sur la garniture. Placez dans un plat et gardez au chaud au four, le temps de confectionner les autres galettes.
- Servez aussitôt avec des quartiers de citron.

LE CONSEIL EN + POUR BIEN DIGÉRER

Choisissez bien des galettes 100 % sarrasin, sans blé. Vous pouvez les faire vous-même ou les acheter toutes prêtes : on en trouve par exemple dans les magasins de surgelés.
Servez avec une salade de pousses d'épinards (ou une salade verte).

PARMENTIER DE POISSON AUX PATATES DOUCES

Anticholestérol, bon pour le métabolisme

POUR 4 PERSONNES
PRÉPARATION : 15 MINUTES
CUISSON : 40 MINUTES

INGRÉDIENTS : 500 g de poisson blanc, frais ou surgelé (colin, lieu, merlan…) ; 800 g de patates douces ; 10 cl de crème de soja ; 2 c. à s. de ciboulette ciselée ; sel, poivre ; huile pour le plat.

- Faites cuire le poisson au court-bouillon pendant 10 minutes. Pendant ce temps, épluchez les patates douces et coupez-les en morceaux. Faites-les cuire 20 minutes à l'eau bouillante salée. Égouttez et écrasez-les finement à la fourchette. Ajoutez la moitié de la crème, salez et poivrez.
- Préchauffez le four à 210 °C (th. 7). Lorsque le poisson est cuit, détachez-le en miettes, salez, poivrez, ajoutez le reste de crème et la ciboulette.
- Répartissez dans un plat à gratin huilé, recouvrez de purée et faites gratiner 20 minutes. Parsemez de ciboulette à la sortie du four.

LE CONSEIL EN + POUR BIEN DIGÉRER

La patate douce possède un index glycémique plus bas que celui de la pomme de terre et offre une satiété longue durée. Vous pourrez remplacer le poisson blanc par du saumon.

POISSON TANDOORI

Rassasiant, tonus, anti-inflammatoire

POUR 4 PERSONNES
PRÉPARATION : 5 MINUTES
CUISSON : 25 À 30 MINUTES

INGRÉDIENTS : 8 pommes de terre ; 500 g de filet de cabillaud avec la peau, coupé en cubes ; 4 c. à c. bombées de poudre tandoori ; 20 cl de lait de coco.

- Préchauffez le four à 210 °C (th. 7). Pelez les pommes de terre, coupez-les en gros morceaux et faites-les cuire 10 à 15 minutes à la vapeur.
- Pendant ce temps, mélangez les morceaux de poisson avec le lait de coco et la poudre tandoori. Répartissez-les sur 4 feuilles de papier sulfurisé. Refermez les papillotes et faites cuire 15 minutes.
- Servez aussitôt avec les pommes de terre vapeur.

LE CONSEIL EN + POUR BIEN DIGÉRER

La poudre tandoori se trouve au rayon exotique des grandes surfaces. À défaut, vous pouvez utiliser de la poudre de curry.

ROUGETS AUX TAGLIATELLES DE COURGETTES

Super-minceur

POUR 4 PERSONNES
PRÉPARATION : 10 MINUTES
CUISSON : 5 À 7 MINUTES

INGRÉDIENTS : 4 petites courgettes ; 4 gros filets de rougets (ou 8 petits) ; 1 yaourt de soja ; 1 c. à s. de basilic ciselé ; ½ citron ; sel, poivre.

- Fouettez le yaourt avec le jus du citron, le basilic ciselé, du sel et du poivre.
- Rincez et séchez les courgettes. Avec un couteau économe, taillez-les en longues bandes. Plongez-les 2 minutes dans de l'eau bouillante salée : elles doivent rester fermes.
- Huilez légèrement les filets de rougets de chaque côté à l'aide d'un pinceau. Saisissez-les dans une poêle antiadhésive, 10 secondes côté peau, puis retournez-les et faites-les cuire encore 3 à 5 minutes selon leur taille.
- Répartissez les tagliatelles de courgettes sur des assiettes, déposez un filet de rouget et ajoutez un peu de sauce. Servez aussitôt.

LE CONSEIL EN + POUR BIEN DIGÉRER

Les tagliatelles de courgettes sont de parfaites alliées en cas de régime minceur. Légèrement croquantes, taillées d'une façon qu'on a peu l'habitude de rencontrer, elles trompent les sens et se laissent déguster presque comme des tagliatelles de céréales.

SAINT-JACQUES RÔTIES AU BASILIC ET AU CITRON

Riches en protéines, minceur

POUR 4 PERSONNES
PRÉPARATION : 5 MINUTES
CUISSON : 5 MINUTES

INGRÉDIENTS : 16 noix de Saint-Jacques ; 3 c. à s. d'huile d'olive ; 1 citron bio ; 2 c. à s. de basilic finement ciselé ; sel, poivre.

- Prélevez trois bandes de zeste sur le citron. Plongez-les dans une petite casserole d'eau bouillante pendant 30 secondes, égouttez, recommencez l'opération avec une eau propre puis égouttez à nouveau. Coupez-les en fines lanières.
- Chauffez l'huile dans une grande poêle. Ajoutez les zestes de citron et saisissez les noix de Saint-Jacques d'un côté, 30 secondes à 1 minute, puis retournez-les et faites-les dorer de nouveau 30 secondes à 1 minute.
- Pressez le citron, versez le jus dans la poêle, salez, poivrez, et ajoutez le basilic ciselé. Déglacez la poêle en frottant le fond à l'aide d'une cuillère en bois, tout en chauffant. Remuez le temps d'enrober les Saint-Jacques de sauce et servez aussitôt.

LE CONSEIL EN + POUR BIEN DIGÉRER

Accompagnez ces Saint-Jacques de riz basmati ou de tagliatelles sans gluten. Vous pouvez les remplacer par des noix de pétoncles, plus petites mais nettement moins chères.

SAUMON AU LAIT DE COCO ET AUX BANANES

Protection cardiaque, antistress

POUR 4 PERSONNES
PRÉPARATION : 10 MINUTES
CUISSON : 11 MINUTES

INGRÉDIENTS : 4 pavés de saumon ; 2 bananes bien mûres ; 40 cl de lait de coco ; 1 c. à s. d'huile d'olive ; 1 c. à s. de coriandre ciselée ; sel, poivre.

- Pelez les bananes et coupez-les en rondelles. Chauffez l'huile dans une poêle antiadhésive et faites dorer les pavés de saumon 3 minutes d'un côté ainsi que les bananes. Retournez les pavés de saumon et faites-les cuire 3 minutes de l'autre côté. Salez, poivrez, versez le lait de coco et chauffez encore 5 minutes.
- Servez aussitôt.

LE CONSEIL EN + POUR BIEN DIGÉRER

À condition qu'elles soient bien mûres, les bananes sont bien tolérées dans le cadre d'un régime pauvre en Fodmaps. En revanche, évitez à tout prix les bananes trop fermes et insuffisamment mûres.

Accompagnez ce saumon de riz basmati, ou, version légère, de haricots verts.

SAUMON TAILLE FINE

Bonne humeur, minceur

POUR 4 PERSONNES
PRÉPARATION : 10 MINUTES
CUISSON : 15 MINUTES

INGRÉDIENTS : 4 pavés de saumon ; 4 c. à c. de paprika ; 4 sucrines ; 3 c. à s. d'huile d'olive ; sel, poivre.

- Préchauffez le four en position gril à 210 °C (th. 7). Éliminez le trognon des sucrines ainsi que les feuilles extérieures, coupez-les en deux dans la hauteur. Badigeonnez-les d'huile à l'aide d'un pinceau, de tous les côtés.
- Rangez les sucrines sur la plaque du four, côté tranché vers le gril, et enfournez 5 à 7 minutes en surveillant.
- Salez et poivrez légèrement les pavés de saumon. Étalez 1 cuillère à café de paprika sur un côté de chaque pavé. Déposez les pavés dans un plat à four et enfournez pour 7 minutes de cuisson environ. Servez avec les sucrines grillées.

LE CONSEIL EN + POUR BIEN DIGÉRER

De la salade cuite ? Mais oui, et c'est très bon ! Grillées au four, avec un peu d'huile, elles restent croquantes et savoureuses. Accompagnez-les de jus de citron.

TARTARE DE CABILLAUD AU CITRON

Bon pour le métabolisme, super-minceur

POUR 4 PERSONNES
PRÉPARATION : 15 MINUTES
CUISSON : 3 MINUTES

INGRÉDIENTS : 600 g de cabillaud ; 1 c. à s. de ciboulette ciselée ; 1 citron vert ; 1 citron jaune ; sel, poivre.

- Coupez le poisson en tout petits dés et mettez-les dans un saladier. Pressez les citrons, ajoutez le jus dans le saladier, avec la ciboulette, un peu de sel et de poivre.
- Mélangez délicatement et présentez en dômes sur des assiettes.

LE CONSEIL EN + POUR BIEN DIGÉRER

La façon la plus détox de préparer du poisson et de conserver intacts tous ses nutriments. Précisez à votre poissonnier que vous le destinez à une préparation crue. Vous pouvez aussi utiliser du poisson surgelé, que vous ferez décongeler quelques heures au réfrigérateur : les bactéries potentielles ne résistent pas à la surgélation.

Œufs et tofu pour plats faciles et rapides sans viande ni poisson

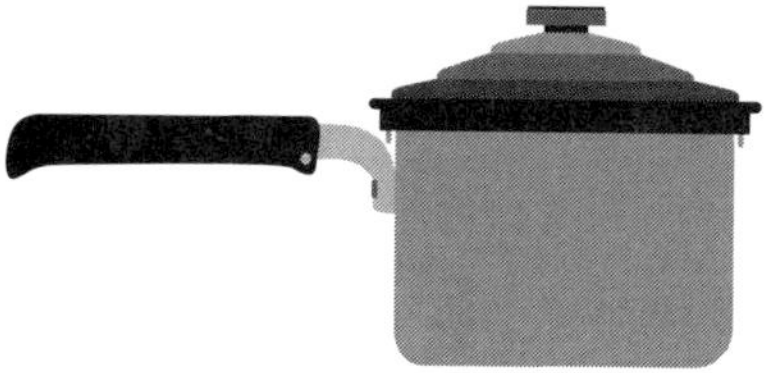

BROCHETTES DE TOFU AUX TOMATES

Anticholestérol, antioxydantes

POUR 4 PERSONNES
PRÉPARATION : 15 MINUTES
CUISSON : 20 MINUTES ENVIRON

INGRÉDIENTS : 400 g de tofu ; 250 g de riz basmati ; 16 tomates cerises ; 2 c. à s. d'huile d'olive ; sel, poivre.

- Faites cuire le riz à l'eau bouillante légèrement salée, jusqu'à ce qu'il soit bien tendre.
- Pendant ce temps, coupez le tofu en cubes. Mettez-les dans un saladier avec les tomates cerises et ajoutez 1 c. à s. d'huile d'olive, salez légèrement et poivrez. Mélangez délicatement de façon à bien enrober les ingrédients, puis piquez les cubes de tofu et les tomates en alternance sur des piques à brochettes.
- Faites-les dorer dans une poêle antiadhésive avec le restant d'huile, 6 à 8 minutes environ, en les retournant plusieurs fois.
- Égouttez le riz et servez avec les brochettes.

LE CONSEIL EN + POUR BIEN DIGÉRER

Vous pouvez faire mariner les dés de tofu au préalable, pendant 1 heure environ, dans un mélange d'huile d'olive, de jus de citron et d'épices (curry, cumin...). Ils seront beaucoup plus savoureux !

CURRY DE TOFU À L'ANANAS

Ventre plat, antiballonnements

POUR 4 PERSONNES
PRÉPARATION : 15 MINUTES
CUISSON : 20 MINUTES

INGRÉDIENTS : 300 g de riz basmati ; 250 g de tofu ; 20 cl de lait de coco ; 1 c. à s. de curry ; 2 tranches d'ananas frais ; 1 c. à s. d'huile d'olive ; sel, poivre.

- Faites cuire le riz à l'eau bouillante salée, jusqu'à ce qu'il soit bien tendre.
- Pendant ce temps, coupez l'ananas en morceaux, et le tofu en dés. Chauffez l'huile dans une poêle puis ajoutez les dés de tofu. Salez, poivrez, incorporez le curry, l'ananas et le lait de coco. Laissez mijoter 10 minutes sur feu doux.
- Servez aussitôt le riz égoutté avec le curry de tofu.

LE TRUC MAGIQUE

Parsemez le plat de ciboulette ciselée au moment de servir. Pour plus de croquant, ajoutez quelques noix de cajou ou quelques cacahuètes.

ŒUFS BROUILLÉS À LA TOMATE ET AU BASILIC

Bons pour la vue

POUR 4 PERSONNES
PRÉPARATION : 10 MINUTES
CUISSON : 15 MINUTES ENVIRON

INGRÉDIENTS : 6 œufs ; 4 tomates ; 2 c. à s. d'huile d'olive ; 2 c. à s. de basilic ciselé + feuilles de basilic pour le décor ; sel, poivre.

- Coupez les tomates en quatre, éliminez les pépins et recoupez la chair en petits dés. Chauffez l'huile dans une sauteuse, faites fondre les dés de tomates avec du sel et du poivre jusqu'à ce qu'ils aient rendu toute leur eau.
- Cassez les œufs dans un saladier et battez-les avec le basilic ciselé. Versez-les dans la sauteuse et laissez cuire en remuant doucement avec une cuillère en bois, jusqu'à obtention de la texture désirée. Les œufs doivent être pris mais encore légèrement baveux.
- Parsemez de feuilles de basilic et servez aussitôt.

LE CONSEIL EN + POUR BIEN DIGÉRER

Si vous tolérez mal la peau des tomates, n'hésitez pas à les peler au préalable.
Servez ces œufs brouillés avec une salade verte, ou bien des pommes de terre vapeur.

OMELETTE COMPLÈTE

Antioxydante, bonne vue

POUR 4 PERSONNES
PRÉPARATION : 10 MINUTES
CUISSON : 10 MINUTES

INGRÉDIENTS : 10 œufs ; 2 poignées de pousses d'épinards fraîches ; 8 tranches de filet de bacon ; 40 g de parmesan râpé ; un peu d'huile d'olive pour la poêle ; poivre.

- Battez les œufs dans un saladier, poivrez.
- Coupez le bacon en lanières et faites-les griller dans une poêle antiadhésive huilée. Quand elles sont dorées, ajoutez les feuilles d'épinards et laissez-les fondre (quelques instants, en remuant).
- Versez les œufs battus et faites cuire en soulevant les bords et en ramenant la préparation vers l'intérieur. Dès que l'omelette est prise, ôtez du feu et parsemez de parmesan. Coupez en parts, et servez aussitôt.

LE CONSEIL EN + POUR BIEN DIGÉRER

Pour la cuisson, procédez en deux fois : l'omelette ne doit pas être trop épaisse, sinon elle ne cuirait pas bien. Au fait, pas besoin de saler, le bacon et le fromage s'en chargent.
Servez ces omelettes avec une salade de pousses d'épinards fraîches.

PÂTES À LA JAPONAISE

Booster de métabolisme

POUR 4 PERSONNES
PRÉPARATION : 10 MINUTES
CUISSON : 15 MINUTES ENVIRON

INGRÉDIENTS : 250 g de spaghettis sobas ; 400 g de tofu ; ½ concombre ; 1 c. à c. d'algues en paillettes ; 1 c. à s. de graines de sésame ; 2 c. à s. d'huile de sésame ; sel.

- Pelez et épépinez le concombre, coupez-le en petits dés. Détaillez le tofu en dés.
- Faites cuire les spaghettis à l'eau bouillante salée, selon les indications de l'emballage. Égouttez.
- Chauffez l'huile dans une poêle, ajoutez les dés de concombre et de tofu, les algues en paillettes et les graines de sésame. Laissez revenir quelques minutes, puis mélangez avec les spaghettis.

LE CONSEIL EN + POUR BIEN DIGÉRER

Les spaghettis sobas se trouvent en magasins bio ou en épiceries asiatiques. Attention, certains sont faits à 100 % de sarrasin, d'autres à base d'un mélange de blé et de sarrasin. Choisissez uniquement des sobas 100 % sarrasin.
Vous pouvez remplacer le tofu par des crevettes cuites décortiquées.

POÊLÉE THAÏE (FINE)

Minceur, anticholestérol

POUR 4 PERSONNES
PRÉPARATION : 15 MINUTES
CUISSON : 15 MINUTES

INGRÉDIENTS : 400 g de tofu ; 3 courgettes ; 1 poivron rouge ; 2 c. à s. d'huile d'olive ; 2 c. à s. de coriandre ciselée ; sel, poivre.

- Ôtez les extrémités des courgettes puis taillez-les en cubes. Coupez le poivron en deux, ôtez les pépins puis coupez la chair en lanières. Taillez le tofu en dés.
- Chauffez l'huile dans une sauteuse, faites revenir le poivron puis ajoutez les courgettes. Salez, poivrez, laissez cuire 10 minutes sur feu moyen, en remuant. Ajoutez le tofu, faites mijoter encore 5 minutes. Servez parsemé de coriandre.

LE CONSEIL EN + POUR BIEN DIGÉRER

Rajoutez une note croquante à votre poêlée en la saupoudrant de graines de sésame.

TOFU GRILLÉ AUX COURGETTES ET QUINOA

Anticholestérol, coupe-faim

POUR 4 PERSONNES
PRÉPARATION : 15 MINUTES
CUISSON : 20 MINUTES
REPOS : 30 MINUTES

INGRÉDIENTS : 4 blocs de tofu ; 2 petites courgettes jeunes et tendres ; 200 g de quinoa ; 1 citron ; 3 c. à s. d'huile d'olive ; sel, poivre.

- Éliminez les extrémités des courgettes, coupez-les en fins bâtonnets ou en fines rondelles. Salez et poivrez légèrement, ajoutez le jus du citron et 1 c. à s. d'huile d'olive. Mélangez et laissez reposer 30 minutes.
- Plongez le quinoa dans de l'eau froide salée, portez à ébullition puis baissez le feu et laissez cuire 10 minutes. Ôtez du feu, laissez gonfler 5 minutes.
- Coupez les blocs de tofu en deux. Badigeonnez-les avec 2 c. à s. d'huile, au pinceau, salez et poivrez légèrement. Faites-les dorer dans une poêle antiadhésive, 10 minutes environ, jusqu'à ce qu'ils soient dorés.
- Mélangez le quinoa et la courgette marinée, et servez aussitôt avec le tofu.

LE CONSEIL EN + POUR BIEN DIGÉRER

Ici, les courgettes ne passent pas par la case « cuisson » : le fait de les tailler finement et de les faire reposer avec l'huile et le citron permet de les attendrir et elles seront délicieuses une fois mélangées au quinoa.

Mes desserts digestion facile

BANANES POÊLÉES AU CHOCOLAT

Antistress

POUR 4 PERSONNES
PRÉPARATION : 5 MINUTES
CUISSON : 15 MINUTES

INGRÉDIENTS : 4 petites bananes bien mûres ; 40 g de chocolat à 70 % ; 20 g d'huile de coco ; cacao amer.

- Pelez les bananes et coupez-les en deux dans la longueur. Chauffez l'huile de coco dans une grande poêle antiadhésive sur feu très doux. Quand elle est fondue, déposez les bananes du côté coupé et faites-les dorer 10 minutes environ. Retournez-les en cours de cuisson en faisant attention à ne pas les casser.
- À part, faites fondre le chocolat au bain-marie.
- Quand les demi-bananes sont tendres et dorées, servez-les par deux dans une assiette. Versez un peu de chocolat en filet et saupoudrez d'un voile de cacao. Servez aussitôt.

LE CONSEIL EN + POUR BIEN DIGÉRER

D'habitude, on fait rôtir les bananes dans du beurre fondu. Ici, il est remplacé par de l'huile de coco (à trouver en magasins bio). Délicieusement parfumée, elle est parfaite avec les bananes !

CRÈME À LA BANANE ET AUX PÉPITES DE CHOCOLAT

Antistress

POUR 4 PERSONNES
PRÉPARATION : 10 MINUTES
SANS CUISSON

INGRÉDIENTS : 4 yaourts au soja ; 4 bananes bien mûres ; 4 c. à s. de pépites de chocolat.

- Pelez les bananes et conservez 8 rondelles. Écrasez le reste très finement à l'aide d'une fourchette. Répartissez l'équivalent d'une cuillère à soupe de purée de banane dans 4 ramequins et ajoutez quelques pépites de chocolat.
- Incorporez les yaourts dans le reste de purée de banane et battez bien le tout.
- Répartissez dans les ramequins. Décorez avec 2 rondelles de banane et le reste de pépites de chocolat.

LE CONSEIL EN + POUR BIEN DIGÉRER

Idéalement, préparez vous-même les pépites de chocolat en concassant 40 g de chocolat à 70 % en tout petits dés. Et surtout, choisissez des bananes bien mûres.

CRÈME GLACÉE EXPRESS À LA MYRTILLE

Anticholestérol, antioxydante, antistress

POUR 4 PERSONNES
PRÉPARATION : 5 MINUTES
SANS CUISSON
CONGÉLATION : 3 HEURES

INGRÉDIENTS : 400 g de tofu soyeux (ou 4 yaourts au soja) ; 2 bananes bien mûres ; 200 g de myrtilles surgelées ; feuilles de basilic.

- Pelez les bananes, coupez-les en rondelles et rangez-les sur une assiette en plastique ou dans un contenant supportant la congélation, de préférence sans les empiler. Placez 3 heures au congélateur, le temps qu'elles durcissent.
- Juste avant de servir, versez le tofu (ou les yaourts au soja) dans un robot. Ajoutez les myrtilles surgelées, les rondelles de bananes puis mixez. La préparation va prendre une texture glacée et onctueuse.
- Servez aussitôt dans des ramequins, décorez de basilic, et dégustez sans attendre.

LE CONSEIL EN + POUR BIEN DIGÉRER

À base de bananes bien mûres et de myrtilles, voici une glace parfaitement digeste, contrairement aux crèmes glacées traditionnelles, dont la crème fraîche et de lait peuvent incommoder les intestins fragiles.

DUO D'ANANAS

Digestion facile

POUR 4 PERSONNES
PRÉPARATION : 15 MINUTES
SANS CUISSON

INGRÉDIENTS : 2 ananas Victoria ; 1 c. à c. de menthe ciselée.

- Ôtez l'écorce des ananas. Coupez le premier en très fines tranches, à l'aide d'une mandoline ou d'un couteau bien tranchant.
- Coupez l'autre ananas en morceaux et mixez-les grossièrement avec la menthe.
- Répartissez les tranches d'ananas sur des assiettes et ajoutez au milieu un peu de compote d'ananas crue. Servez aussitôt.

LE CONSEIL EN + POUR BIEN DIGÉRER

Les ananas Victoria, à la chair tendre, sont parfaits pour cette recette. Selon vos goûts, vous pouvez aussi parfumer la compote d'ananas crue avec un peu de cannelle en poudre ou de vanille. Un dessert parfait après un plat à base de viande : les enzymes de l'ananas frais aident à dégrader les protéines.

GLACE VEGGIE

Végétarienne, gourmande

POUR 4 À 6 PERSONNES
PRÉPARATION : 5 MINUTES
SANS CUISSON
CONGÉLATION : 3 À 4 HEURES ENVIRON

INGRÉDIENTS : 400 g de tofu soyeux ; 40 cl de lait de coco ; 4 c. à s. de sirop d'érable ; 1 citron bio ; fruits rouges pour le décor (facultatif).

- Prélevez 3 bandes de zestes sur le citron. Plongez-les dans une petite casserole d'eau bouillante pendant 30 secondes, égouttez, recommencez l'opération avec une eau propre puis égouttez à nouveau. Hachez-les finement.
- Mélangez le tofu soyeux avec le lait de coco, le sirop d'érable et les zestes de citron. Mettez le tout dans un récipient en plastique vide. Placez au congélateur et laissez prendre 3 à 4 heures environ, en remuant la préparation toutes les 45 minutes à l'aide d'une cuillère, de façon à casser les cristaux de glace.
- Servez dès que la glace est prise mais encore onctueuse, avec quelques fruits rouges en décoration.

LE CONSEIL EN + POUR BIEN DIGÉRER

Ne conservez pas trop longtemps une glace maison car elle gèle et durcit (forcément, vous n'y avez pas incorporé des tonnes d'air, d'émulsifiants et de stabilisants comme les industriels !). Préparez-la donc en début d'après-midi pour le dîner, par exemple.

GRANITÉS DE PASTÈQUE

Super-minceur, reminéralisants

POUR 4 PERSONNES
PRÉPARATION : 10 MINUTES
SANS CUISSON
CONGÉLATION : 2 À 3 HEURES

INGRÉDIENTS : 600 g de chair de pastèque ; 1 barquette de framboises ; brins de menthe fraîche.

- Éliminez les pépins de pastèque, coupez la chair en morceaux et mixez-la avec les framboises (conservez-en une douzaine pour le décor).
- Placez la préparation dans un bac en plastique et faites prendre au congélateur 2 à 3 heures, en remuant la préparation de façon à obtenir une texture granitée.
- Décorez avec les framboises réservées et parsemez de menthe fraîche.

LE CONSEIL EN + POUR BIEN DIGÉRER

En stimulant la sécrétion de la bile, la menthe facilite la digestion et permet au foie de mieux éliminer. En saison, prenez l'habitude de parsemer un peu de menthe fraîche sur tous vos plats : entrées, plats comme desserts.

MILK-SHAKE À LA PAPAYE

Tonus, bonne mine

POUR 4 PERSONNES
PRÉPARATION : 10 MINUTES
SANS CUISSON

INGRÉDIENTS : 1 papaye ; 50 cl de lait végétal (soja, riz, amande…) ; 30 cl de jus de carotte (bio) ; 1 c. à c. de gingembre frais râpé.

- Coupez la papaye en deux, éliminez les pépins et prélevez la chair à l'aide d'une cuillère. Mettez-la dans le bol d'un robot et mixez avec le jus de carotte et le gingembre. Quand le mélange est lisse, versez le lait et mixez encore.
- Servez dans 4 verres et dégustez aussitôt.

LE CONSEIL EN + POUR BIEN DIGÉRER

La papaye fait partie des fruits autorisés dans le cadre d'un régime pauvre en Fodmaps. Bien sûr, utilisez un lait végétal.

MOUSSES À L'AVOINE ET AUX KIWIS

Super-anticholestérol

POUR 4 PERSONNES
PRÉPARATION : 10 MINUTES
SANS CUISSON

INGRÉDIENTS : 500 g de tofu soyeux (ou 5 yaourts au soja) ; 3 c. à s. de son d'avoine ; 1 c. à s. de sirop d'érable ; 3 kiwis ; quelques fruits pour le décor (fraises, ananas, quartiers de clémentines…)

- Mixez le tofu soyeux (ou les yaourts au soja) avec le son d'avoine et le sirop d'érable. Répartissez dans des ramequins.
- Pelez les kiwis et mixez-les finement. Versez dans les ramequins, comme un coulis et décorez de morceaux de fruits frais.

LE CONSEIL EN + POUR BIEN DIGÉRER

L'ajout de son d'avoine permet d'épaissir la texture du tofu soyeux (ou des yaourts au soja). Si possible, laissez la préparation gonfler pendant 5 minutes avant de la mixer, le résultat sera plus onctueux.

MOUSSES FRAMBOISES-MYRTILLES

Anticholestérol, antioxydantes

POUR 4 PERSONNES
PRÉPARATION : 10 MINUTES
SANS CUISSON
RÉFRIGÉRATION (FACULTATIF) : 1 HEURE

INGRÉDIENTS : 500 g de tofu soyeux (ou 5 yaourts au soja) ; 250 g de framboises ; 250 g de myrtilles ; 2 c. à s. de son d'avoine ; 2 c. à s. de sirop d'érable.

- Mettez 250 g de tofu soyeux dans le pichet d'un mixeur à pied (idéalement, sinon utilisez un robot classique), ajoutez les framboises, 1 c. à s. de son d'avoine et 1 c. à s. de sirop d'érable. Mixez de façon à obtenir une préparation lisse. Remplissez-en des ramequins à moitié.
- Faites la même chose avec les myrtilles et versez sur la préparation aux framboises. Placez au réfrigérateur jusqu'au moment de servir (idéalement 1 heure).

LE CONSEIL EN + POUR BIEN DIGÉRER

Hors saison, n'hésitez pas à utiliser des fruits surgelés (laissez-les simplement à température ambiante quelques minutes avant de les mixer).

PERLES DU JAPON AU CITRON VERT

Antistress

POUR 6 PERSONNES
PRÉPARATION : 10 MINUTES
CUISSON : 30 À 35 MINUTES
RÉFRIGÉRATION : 2 HEURES ENVIRON

INGRÉDIENTS : 100 g de perles du Japon ; 50 cl de lait de coco ; 50 cl de lait végétal (soja, riz…) ; 2 c. à s. de sirop d'érable ; 1 citron vert bio.

- Rincez et séchez le citron vert. Râpez l'écorce sur une petite râpe de façon à en récupérer l'équivalent de 2 c. à c.
- Dans une casserole, portez à ébullition le lait et le lait de coco avec le sirop d'érable et la moitié des zestes de citron. Ajoutez les perles du Japon et laissez cuire à feu doux 30 à 35 minutes en remuant régulièrement.
- Répartissez dans des ramequins et laissez refroidir. Placez au réfrigérateur jusqu'au moment de servir (2 heures minimum). Parsemez du reste de zestes de citron vert au dernier moment.

LE CONSEIL EN + POUR BIEN DIGÉRER

Les perles du Japon, à base de tapioca et donc naturellement sans gluten, se trouvent au rayon « farines et fécules » des grandes surfaces.

SALADE AUX TROIS AGRUMES À L'INFUSION DE MENTHE

Antioxydante, bonne pour la circulation

POUR 4 PERSONNES
PRÉPARATION : 20 MINUTES
CUISSON : 2 MINUTES
REPOS : 1 H 10

INGRÉDIENTS : 4 oranges ; 2 pamplemousses ; 1 orange sanguine ; 2 c. à s. de sirop d'érable ; ½ botte de menthe fraîche.

- Effeuillez la menthe et mettez-la dans un saladier supportant la chaleur, ou dans une casserole. Portez 20 cl d'eau à frémissements et versez sur la menthe. Couvrez et laissez infuser 10 minutes. Filtrez et ajoutez le sirop d'érable.
- Pendant ce temps, pelez les agrumes à vif et détachez chaque quartier de sa membrane. Mettez-les dans un saladier. Versez l'infusion de menthe par-dessus et laissez refroidir 1 heure.

LE CONSEIL EN + POUR BIEN DIGÉRER

Les agrumes sont bien tolérés dans le cadre d'un régime pauvre en Fodmaps (à condition bien sûr de ne pas en avaler des cagettes entières). Vous pouvez aussi utiliser des pamplemousses jaunes ou roses, des clémentines, des mandarines…

SOUPE DE CLÉMENTINES À LA RÉGLISSE

Vitamine C, tonus

POUR 4 PERSONNES
PRÉPARATION : 15 MINUTES
CUISSON : 5 MINUTES
REPOS : 3 HEURES

INGRÉDIENTS : 12 clémentines ; 1 c. à s. de sirop d'érable ; 2 bâtons de réglisse.

- Versez 20 cl d'eau dans une casserole et portez à frémissements. Coupez les bâtons de réglisse en deux et mettez-les dans un saladier résistant à la chaleur ou dans une casserole. Versez l'eau par-dessus, couvrez et laissez totalement refroidir (2 heures environ). Ôtez les bâtons, ajoutez le sirop d'érable.
- Épluchez les clémentines, séparez les quartiers. Pelez chaque quartier à vif (facilitez-vous l'opération en plongeant les quartiers dans une casserole d'eau frémissante pendant quelques secondes ; laissez tiédir avant de peler).
- Recouvrez d'infusion de réglisse et laissez reposer 1 heure. Répartissez dans des ramequins et décorez d'un bâton de réglisse.

→

LE CONSEIL EN + POUR BIEN DIGÉRER

Hors saison, remplacez les clémentines par des oranges (elles seront aussi plus simples à peler). Pauvres en Fodmaps et riches en vitamine C, elles ont tout bon. Quant aux bâtons de réglisse, ils se trouvent au marché, chez les vendeurs d'épices, en magasins bio, ou même… en pharmacies ! Attention en revanche si vous souffrez d'hypertension. Dans ce cas, remplacez simplement la réglisse par une gousse de vanille fendue en deux.

SOUPE DE PAPAYE KIWI ET CITRON VERT

Détox

POUR 4 PERSONNES
PRÉPARATION : 10 MINUTES
CUISSON : 3 MINUTES

INGRÉDIENTS : 2 papayes bien mûres ; 3 kiwis ; 1 citron vert bio.

- Prélevez trois bandes de zeste sur le citron. Plongez-les dans une petite casserole d'eau bouillante pendant 30 secondes, égouttez, recommencez l'opération avec une eau propre puis égouttez à nouveau. Coupez-les en fines lanières.
- Pelez les papayes, éliminez les pépins. Coupez la chair en morceaux et mettez-les dans le bol d'un robot. Épluchez les kiwis. Taillez 8 fines tranches dans un kiwi et mixez le reste avec la chair de papaye et le jus du citron vert.
- Servez dans des assiettes creuses, décorez des rondelles de kiwi réservées et parsemez de zestes de citron vert. Servez aussitôt.

LE CONSEIL EN + POUR BIEN DIGÉRER

Le citron nettoie le système digestif et stimule l'activité rénale, d'où l'intérêt d'en mettre sur tous ses plats. L'idéal pour profiter encore plus de ses vertus : consommer du jus de citron dilué dans un verre d'eau à température ambiante ou tiède, le matin à jeun.

SOUPE FROIDE DE FRAISES À LA PASTÈQUE

Reminéralisante

POUR 4 PERSONNES
PRÉPARATION : 5 MINUTES
SANS CUISSON

INGRÉDIENTS : 600 g de chair de pastèque ; 250 g de fraises ; quelques feuilles de menthe fraîche.

- Éliminez les pépins de la pastèque. Coupez la chair en cubes et mettez-les dans le bol d'un robot avec les fraises équeutées. Mixez finement.
- Répartissez dans des ramequins et décorez de menthe fraîche.

LE CONSEIL EN + POUR BIEN DIGÉRER

Pour éviter la tâche fastidieuse d'épépiner la pastèque, sachez qu'il existe, en grandes surfaces ou chez les primeurs, des pastèques sans pépins ou presque (sous la marque Bouquet).

TERRINE DE FRUITS BIKINI

Super-antioxydante

POUR 4 PERSONNES
PRÉPARATION : 10 MINUTES
CUISSON : 2 MINUTES
RÉFRIGÉRATION : 12 HEURES

INGRÉDIENTS : 500 g de fruits rouges mélangés (framboises, fraises, myrtilles, mûres…) ; 4 feuilles de gélatine ; 2 c. à s. de sirop d'érable ; 50 cl d'eau.

- Faites ramollir la gélatine dans de l'eau froide.
- Disposez les fruits dans une terrine.
- Portez l'eau à ébullition avec le sirop d'érable, ôtez du feu et ajoutez les feuilles de gélatine. Mélangez bien pour les faire dissoudre puis versez sur les fruits, dans la terrine.
- Faites prendre 12 heures au réfrigérateur. Pour servir, coupez en tranches.

LE CONSEIL EN + POUR BIEN DIGÉRER

Un dessert super-léger, à préparer la veille pour le lendemain. Selon vos envies, vous pouvez remplacer l'eau par une infusion au choix : mélisse, verveine, menthe, thé vert…

MES PETITES RECETTES MAGIQUES PERSO

Ma recette :

1. 

2. 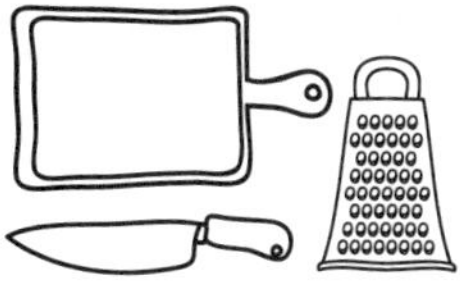

3. 

4. 

Ma recette :

1. 

2. 

3. 

4. 

Ma recette :

1. 

2. 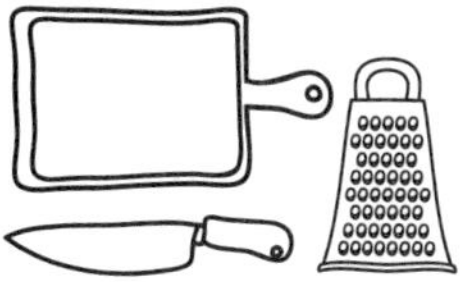

3. 

4. 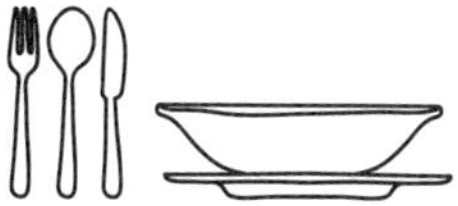

Ma recette :

1. 

2. 

3. 

4. 

Ma recette :

1. 

2. 

3. 

4. 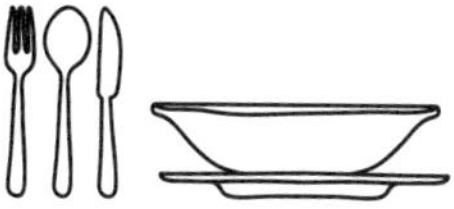

Ma recette :

1.

2.

3.

4.

TABLE DES MATIÈRES

EN SUPPLÉMENT

Téléchargez le protocole strict du Régime sans Fodmaps et les listes de courses des 100 recettes de ce livre pour les avoir toujours avec vous dans votre smartphone, ou à imprimer pour partir «léger» faire vos courses.

Rendez-vous vite sur la page :

http://blog.editionsleduc.com/recettes-fodmaps.html

ou scannez ce code

- Les conseils nutrition du Dr Nys, l'un des experts du blog **Biendansmacuisine.com**
- Les vidéos du Dr Nys, tapez : **http://urlz.fr/2dP9** ou scannez ce code :

Achevé d'imprimer par Novoprint
Dépôt légal : mars 2018
Imprimé en Espagne